◇ 읽다 보면 저절로 알게 되는

글·그림 김지호

내 마음을 들여다보세요.

색안경을 끼고 숨기려 하지 말고, 솔직한 그대로!

작가의 말

    감정이라고 하는 것은 우리의 삶에 있어서 참 중요한 것이에요. 기쁨, 슬픔, 즐거움, 괴로움, 희망, 절망……. 낮과 밤처럼 우리 감정에도 밝고 힘찬 감정과 어둡고 무거운 감정이 있어요.
    다만, 어느 하나 나쁜 감정은 없다고 생각해요. 어떤 감정이든 우리가 일상을 더 충실하고 의미 있게 살아가는 데 도움을 주는 감정이니까요. 기쁨이 있기에 슬픔이 있고, 슬픔이 있기에 기쁨이 소중하다는 것을 알 수 있기 때문이죠.
    이 책에서는 친구들이 공감할 수 있는 세 친구의 일상 이야기에 여러 감정을 담아 보았어요. 이 책을 읽으며 우리 친구들도 '나라면 이럴 때 어떤 감정을 느꼈을까?'라고 질문해 보세요. 질문을 통해 그 감정을 더욱 잘 이해할 수 있을 거예요.
    우리 친구들이 지금까지 느껴왔던 감정과 앞으로 느껴갈 많은 감정을 소중히 대할 수 있기를 바랍니다.

김지호

차례

ㄱ / ㄴ

- 01 가뿐하다 · 14
- 02 갈팡질팡하다 · 16
- 03 감동하다 · 18
- 04 거리낌 없다 · 20
- 05 거북하다 · 22
- 06 걱정되다 · 24
- 07 고맙다 · 26
- 08 골치 아프다 · 28
- 09 괘씸하다 · 30
- 10 괜찮다 · 32
- 11 근사하다 · 34
- 12 기대되다 · 36
- 13 기쁘다 · 38
- 14 긴장하다 · 40
- 15 낙담하다 · 42
- 16 놀라다 · 44

ㄷ / ㅁ

- 17 다행스럽다 · 48
- 18 답답하다 · 50
- 19 당당하다 · 52
- 20 대단하다 · 54
- 21 두려워하다 · 56
- 22 든든하다 · 58
- 23 들뜨다 · 60
- 24 따뜻하다 · 62
- 25 따분하다 · 64
- 26 뜨끔하다 · 66
- 27 뜻깊다 · 68
- 28 막막하다 · 70
- 29 만만하다 · 72
- 30 만족하다 · 74
- 31 망설이다 · 76
- 32 망신스럽다 · 78
- 33 못마땅하다 · 80
- 34 무섭다 · 82
- 35 미안하다 · 84

ㅂ/ㅅ

- 36 반갑다 · 88
- 37 벅차다 · 90
- 38 변덕스럽다 · 92
- 39 보람차다 · 94
- 40 부끄럽다 · 96
- 41 부담스럽다 · 98
- 42 분하다 · 100
- 43 불쌍하다 · 102
- 44 비굴하다 · 104
- 45 뿌듯하다 · 106
- 46 사랑스럽다 · 108
- 47 산뜻하다 · 110
- 48 서럽다 · 112
- 49 서먹서먹하다 · 114
- 50 서운하다 · 116
- 51 설레다 · 118
- 52 수월하다 · 120
- 53 수치스럽다 · 122
- 54 슬퍼하다 · 124
- 55 신기하다 · 126
- 56 신나다 · 128
- 57 실망스럽다 · 130
- 58 싫다 · 132
- 59 씩씩하다 · 134

ㅇ

- 60 아름답다 · 138
- 61 아리송하다 · 140
- 62 아쉽다 · 142
- 63 아찔하다 · 144
- 64 안심하다 · 146
- 65 안절부절못하다 · 148
- 66 애타다 · 150
- 67 얄밉다 · 152
- 68 어이없다 · 154
- 69 어정쩡하다 · 156
- 70 억울하다 · 158
- 71 얼떨떨하다 · 160
- 72 엉뚱하다 · 162
- 73 외롭다 · 164
- 74 용기 있다 · 166
- 75 우쭐하다 · 168
- 76 의기소침하다 · 170
- 77 의아하다 · 172

차례

ㅈ/ㅊ/ㅌ/ㅍ/ㅎ

- 78 자랑스럽다 · 176
- 79 재밌다 · 178
- 80 절망하다 · 180
- 81 정답다 · 182
- 82 조급하다 · 184
- 83 조마조마하다 · 186
- 84 좋아하다 · 188
- 85 주춤거리다 · 190
- 86 지독하다 · 192
- 87 찝찝하다 · 194
- 88 창피하다 · 196
- 89 처량하다 · 198
- 90 초조하다 · 200
- 91 충분하다 · 202
- 92 친근하다 · 204
- 93 통쾌하다 · 206
- 94 편안하다 · 208
- 95 행복하다 · 210
- 96 화나다 · 212
- 97 활기차다 · 214
- 98 후련하다 · 216
- 99 훌륭하다 · 218
- 100 흐뭇하다 · 220

등장 인물 소개

다혈질 전기밥솥

바비

이성적인 물음표

궁금이

단순한 소시지

소심이

발랄한 소시지

소미

신비한 마음 사전을 읽기 전에

 감정은 어떤 현상이나 일에 대하여 일어나는 마음이나 느끼는 기분을 말해요. 그런데 우리가 사용하는 감정 언어는 우리가 생각하는 것보다 훨씬 단순하고 적어요. 또, 아쉽게도 긍정적인 감정 언어보다 부정적인 감정 언어를 많이 사용하고 있지요. 하지만 걱정하지 않아도 돼요. 어떤 감정이든 나의 감정을 제대로 알고 표현한다는 건 아주 칭찬할 일이거든요.
 그래서 나의 감정을 잘 알아차리기 위해서 우린 더욱 노력해야 해요. 난 지금 어떤 감정이지? 왜 그런 감정을 느끼게 되었지? 하고 생각만 해도 우리는 더욱 풍부한 감정을 느낄 수 있게 된답니다. 우리 함께 연습해 볼까요!

내 숨겨진 감정을 찾아라

- **1단계** 난 지금 어떤 감정이지? (질문하기)
- **2단계** 왜 이런 감정을 느끼지? (분석하기)
- **3단계** 아하, 이런 이유였구나. (알아차리기)
- **4단계** 내 기분은 ○○○해. (말로 표현하기)

ㄱ/ㄴ

- 01 가뿐하다
- 02 갈팡질팡하다
- 03 감동하다
- 04 거리낌 없다
- 05 거북하다
- 06 걱정되다
- 07 고맙다
- 08 골치 아프다
- 09 괘씸하다
- 10 괜찮다
- 11 근사하다
- 12 기대되다
- 13 기쁘다
- 14 긴장하다
- 15 낙담하다
- 16 놀라다

001 가뿐하다

힘들었던 일이 해결되어 편안하고 가벼운 마음. 개학식 전날 밀렸던 숙제를 하느라 몸도 마음도 힘들었던 기억은 모두 있을 거예요. 숙제를 모두 끝내고 잠자리에 들었을 때 그 감정이 바로 가뿐함이에요.

002 갈팡질팡하다

어떤 결정을 내리지 못하고 이리저리 흔들리며 망설이는 마음. 오늘은 외식하는 날이에요. 무엇을 먹고 싶냐는 엄마의 말에 먹고 싶은 것이 너무 많아 이리저리 흔들려요. 피자, 치킨, 삼겹살, 탕수육…. 왜 한 가지만 골라야 할까요?

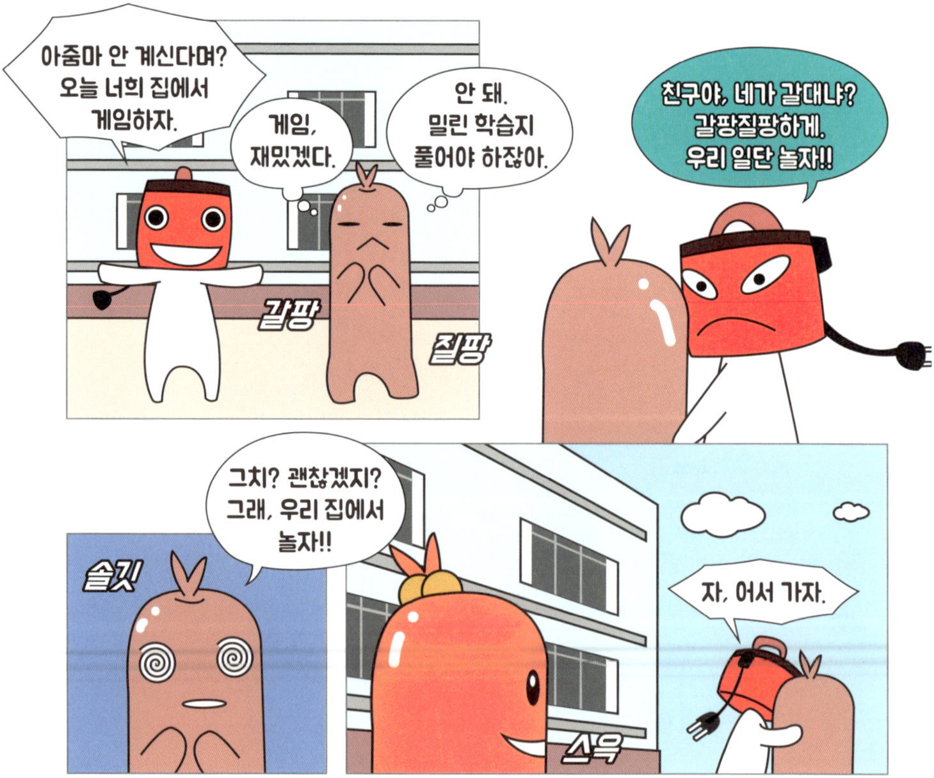

003 감동하다

가슴속 깊이 크게 느껴지는 마음. 책이나 영화를 보거나 다른 사람에게 도움을 받았을 때 가슴속에서 찌르르한 느낌을 받아본 적이 있을 거예요. 이럴 때 나도 모르게 눈물이 흐르기도 하는데, 이건 창피한 것이 아니에요. 좋은 감정은 표현할수록 커져요.

004 거리낌 없다

걸리거나 신경 쓰이는 것 없이 편안한 마음. 친구와 놀기 위해 서둘러 숙제와 할 일을 끝내고 놀러 나가려는데, 엄마가 '숙제했니?'라고 물어요. 나는 당당하게 '네! 당연하죠. 다녀오겠습니다.' 하고 거리낌 없이 큰소리치며 나갈 수 있겠죠.

005 거북하다

쑥스럽고 어색해 불편한 마음. 절친 둘이 사이가 나빠졌어요. 중간에 낀 나는 이 친구와 다니기도 불편하고 저 친구와 다니기도 불편해요. 그래서 둘을 화해시키려 노력했지만 도리어 사이만 더 멀어졌어요. 이 거북한 상황을 어떻게 해야 할까요?

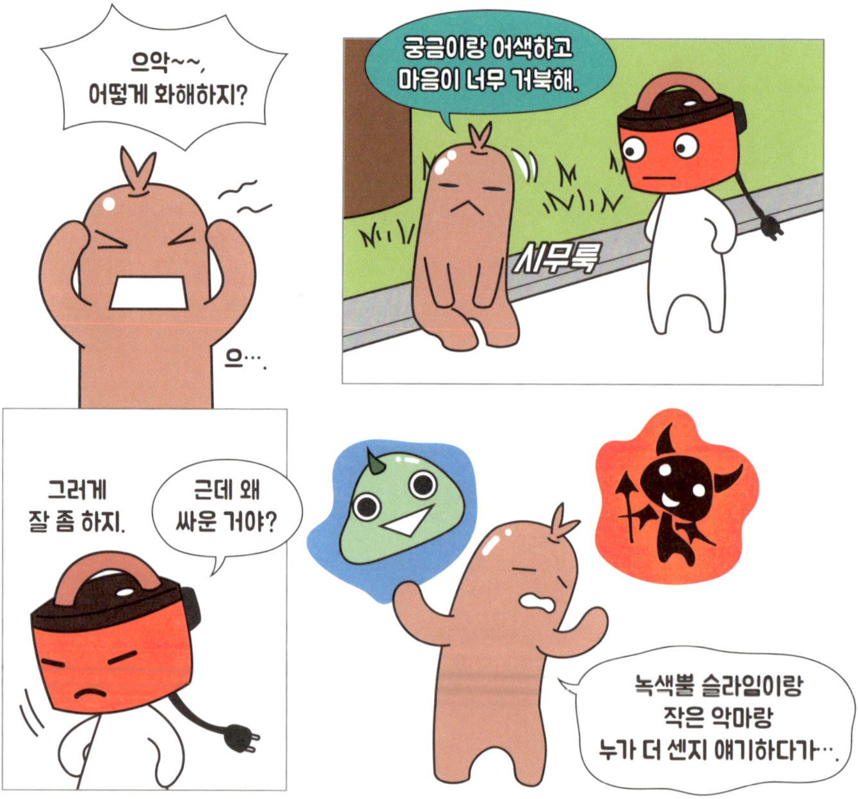

으악~~, 어떻게 화해하지?

으….

궁금이랑 어색하고 마음이 너무 거북해.

시무룩

그러게 잘 좀 하지.

근데 왜 싸운 거야?

녹색뿔 슬라임이랑 작은 악마랑 누가 더 센지 얘기하다가…

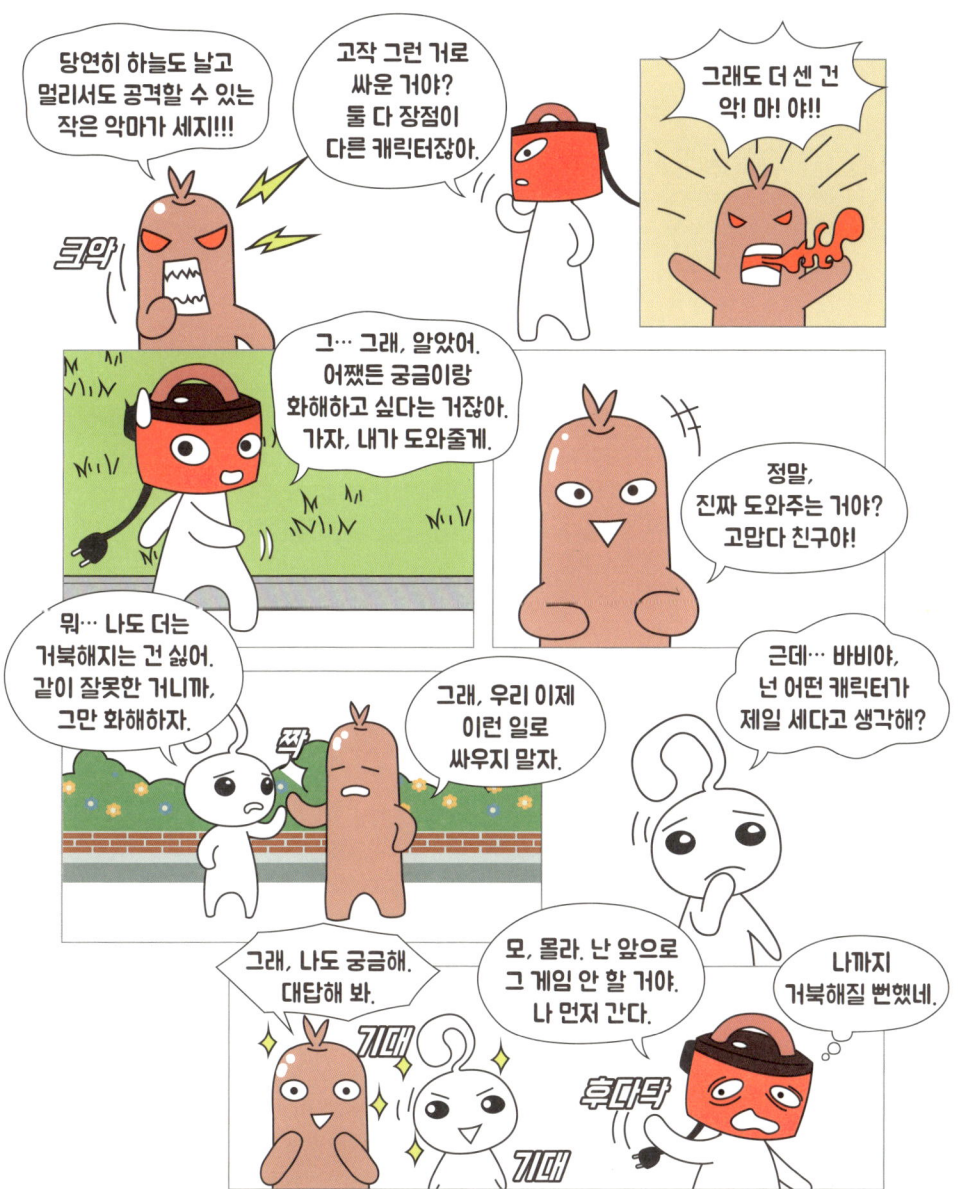

006 걱정되다

걱정거리로 속이 타는 마음. 어젯밤 동생이 고열로 응급실에 다녀왔어요. 낮에도 나랑 재미있게 잘 놀았는데, 왜 그럴까요? 병원에서 돌아오기 전까지 동생을 얼마나 걱정했는지 몰라요. 동생이 빨리 나았으면 좋겠어요.

007 고맙다

다른 사람의 친절과 도움에 기분 좋아지는 마음. 이번 주 나의 1인 1역은 우유 배식이에요. 그런데 같이 역할을 맡은 친구가 지각을 했어요. 혼자 끙끙거리며 우유를 가져오는데 지나가던 친구가 슬쩍 우유 바구니를 들어 주네요. 정말 멋진 친구죠?

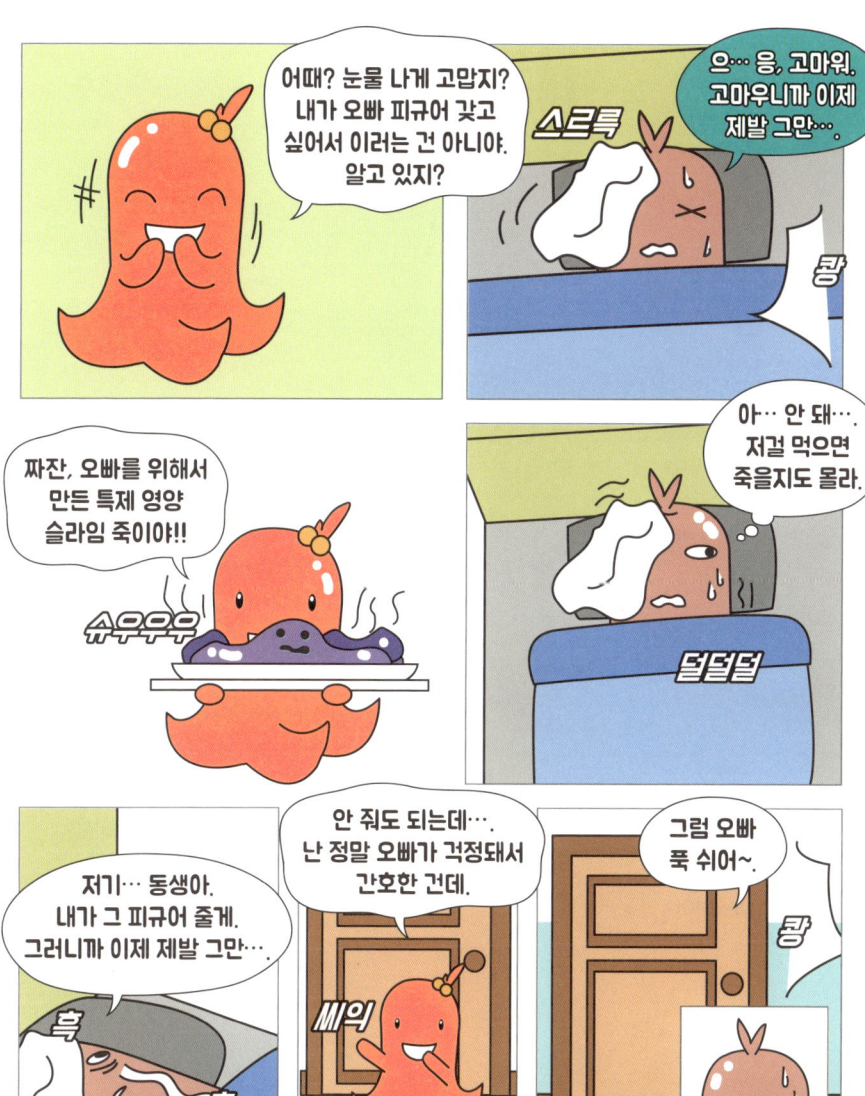

골치 아프다

어떤 일에 머리가 아플 정도로 신경을 곤두세워 고민하는 마음. 1000 조각 퍼즐에 도전했어요. 그런데 퍼즐이 많아도 너무 많아요. 종일 거실에 앉아 눈이 아프도록 보고 또 봐도 그 퍼즐이 그 퍼즐 같아요. 아, 이젠 머리까지 지끈거리네요.

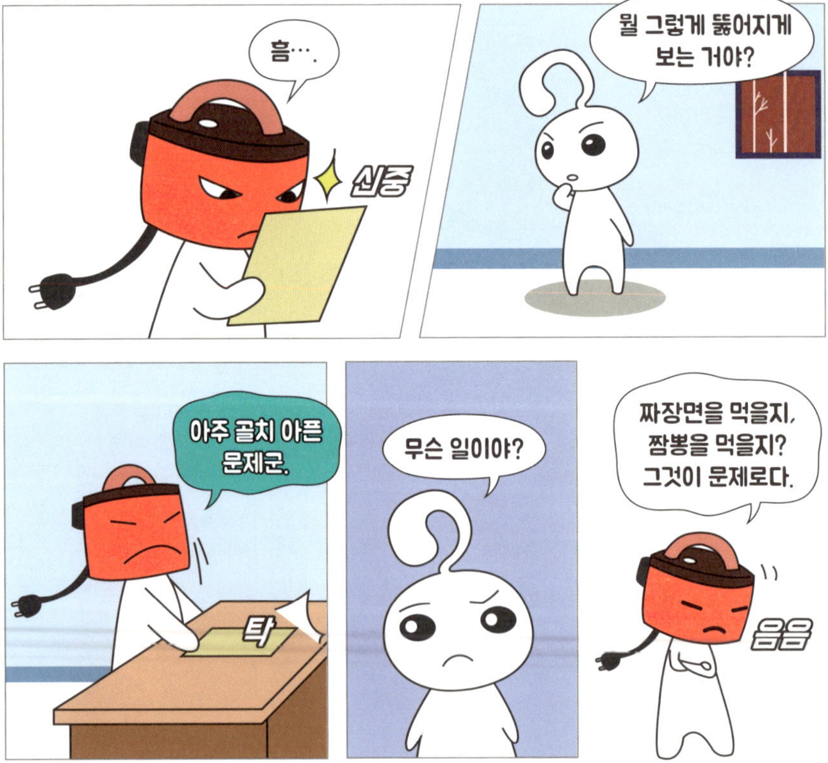

009 괘씸하다

믿었던 사람이 믿음과 의리를 저버려 화나고 미운 마음. 학교 수련회에서 어둑해진 저녁 담력 훈련으로 낱말 찾기를 했어요. 나와 친구는 절대 손을 놓지 않기로 했지요. 그런데 불이 꺼지자 친구는 플래시까지 들고 도망쳤어요. 친구야, 나도 무섭다~.

010 괜찮다

별문제나 걱정이 없는 나쁘지 않은 마음. 스스로에게 하는 괜찮아는 무엇이든 긍정적으로 생각하고 다시 일어나 행동할 수 있는 힘을 만들어요. 작은 절망에 포기하지 말고, '괜찮아, 이 정도쯤 아무것도 아니야.'라고 말해 보면 어떨까요?

근사하다

제법 멋지고 훌륭하게 느껴지는 마음. 가족사진을 찍기로 한 날이에요. 다른 날과 다르게 머리도 정리하고, 옷도 트레이닝복이 아닌 단정한 옷으로 차려입었어요. 뭔가 어색하고 불편했지만 사진 속 가족의 모습이 정말 멋지고 근사해 보여요.

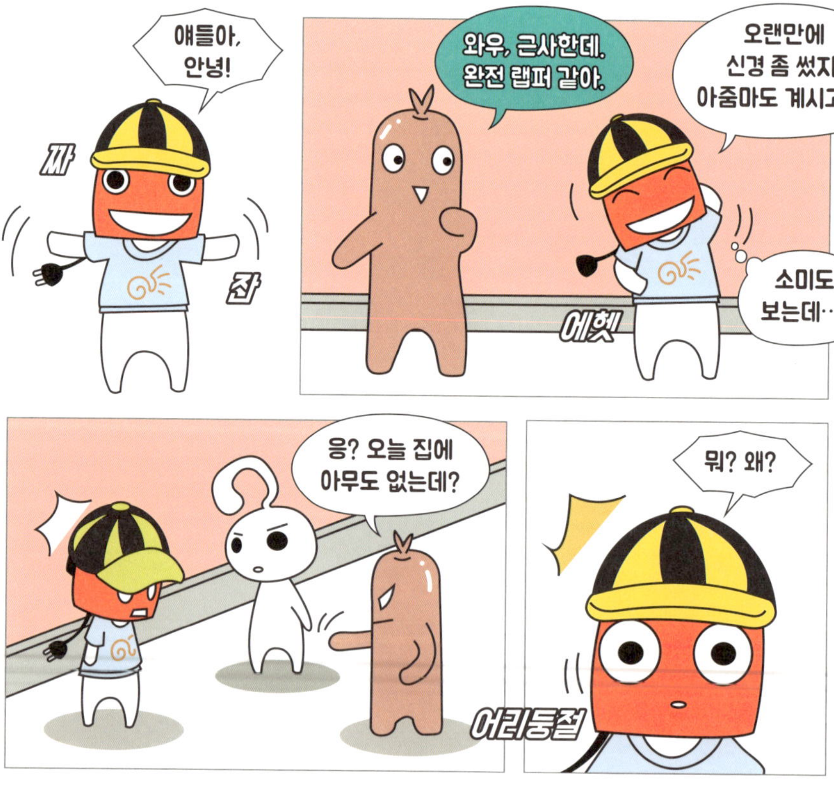

012

기대되다

원하는 것이 이루어지기를 바라는 마음. 크리스마스 날 아침이면, 산타할아버지께 빌었던 선물이 도착해 있을지 두근거려요. 혹시 산타할아버지가 울보였다고 선물을 안 주면 어쩌나 걱정도 되고요. 무엇인가 기다려지는 두근거리는 마음이 기대랍니다.

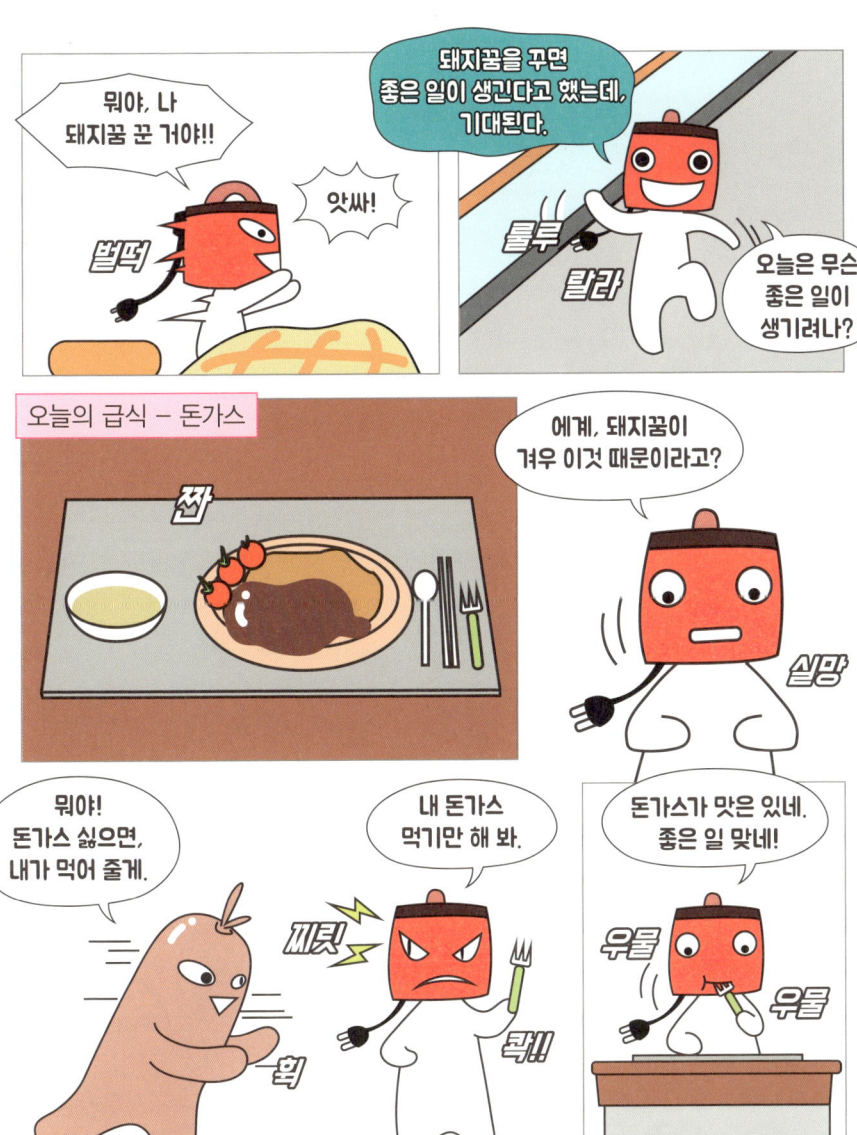

013 기쁘다

원하던 것이 이루어져 흐뭇하고 만족스러운 마음. 보조 바퀴를 떼고 처음 두발자전거를 배우던 날, 넘어지고 또 넘어지며 절대 손을 놓지 말라고 소리쳤어요. 그런데 어느 순간 아무도 잡지 않아도 두발자전거가 달려요. 그때의 기쁨은 절대 잊을 수 없어요.

014 긴장하다

두근두근 초조해하며 바짝 집중한 마음. 운동회에서 우리 반 대표로 달리기를 하게 되었어요. 출발선에 서서 출발 신호를 기다려요. 언제 울릴지 몰라 마음이 조마조마 하며 긴장돼요. '땅' 소리가 울리고 열심히 달렸어요.

015

낙담하다

바라던 것이 이루어지지 않아 크게 속상한 마음. 열심히 준비하던 축구 대회가 취소되었어요. 친구들과 매일 모여서 연습, 또 연습했는데 무척 속상해요. 하지만 낙담하지 않고 다음 대회를 더욱 열심히 준비할 거예요.

놀라다

전혀 생각(예상)하지 못한 일이나 무서움에 크게 두근거리는 마음. 무서운 영화 속 장면을 보고 놀라기도 하지만, 뜻밖에 듣게 된 좋은 소식이나 나쁜 소식에 놀라기도 해요. 크게 놀라면 다리가 풀려 그 자리에 주저앉기도 한답니다.

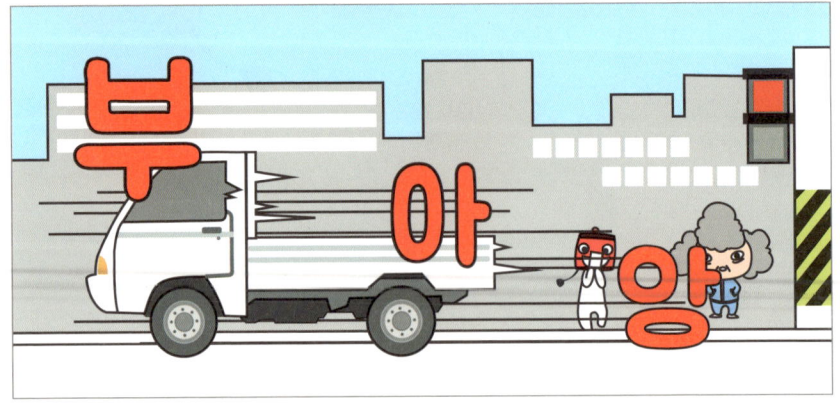

ㄷ/ㅁ

17	다행스럽다	27	뜻깊다
18	답답하다	28	막막하다
19	당당하다	29	만만하다
20	대단하다	30	만족하다
21	두려워하다	31	망설이다
22	든든하다	32	망신스럽다
23	들뜨다	33	못마땅하다
24	따뜻하다	34	무섭다
25	따분하다	35	미안하다
26	뜨끔하다		

017 다행스럽다

원하는 방향으로 일이 진행되거나 뜻밖에 일이 잘 풀려 안도하는 마음. 친구와 놀다가 그만 학원 버스 시간을 놓쳤어요. 헐레벌떡 뛰어갔지만 버스는 보이지 않아요. 그런데 그때, 차가 밀려서 늦었다며 버스가 나타났어요. 정말 다행이죠!

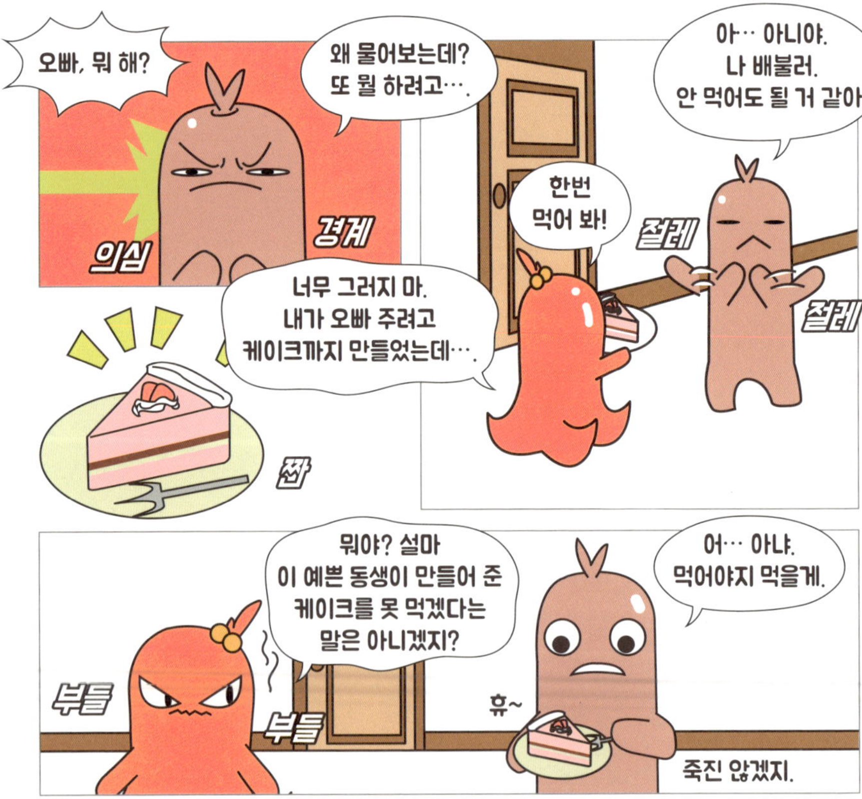

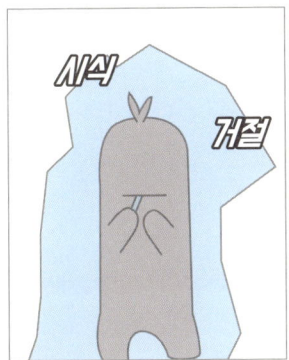

018

답답하다

숨이 쉬어지지 않는 것처럼 갑갑한 마음. 물건들이 이곳저곳 정신없이 가득한 방을 보거나 했던 말을 하고 또 해도 알아듣지 못하는 친구를 보면 고구마를 먹다가 목이 꽉 막힐 때처럼 답답한 마음이 들어요. 그래도 짜증 내지 말고 차근차근 설명해야겠죠.

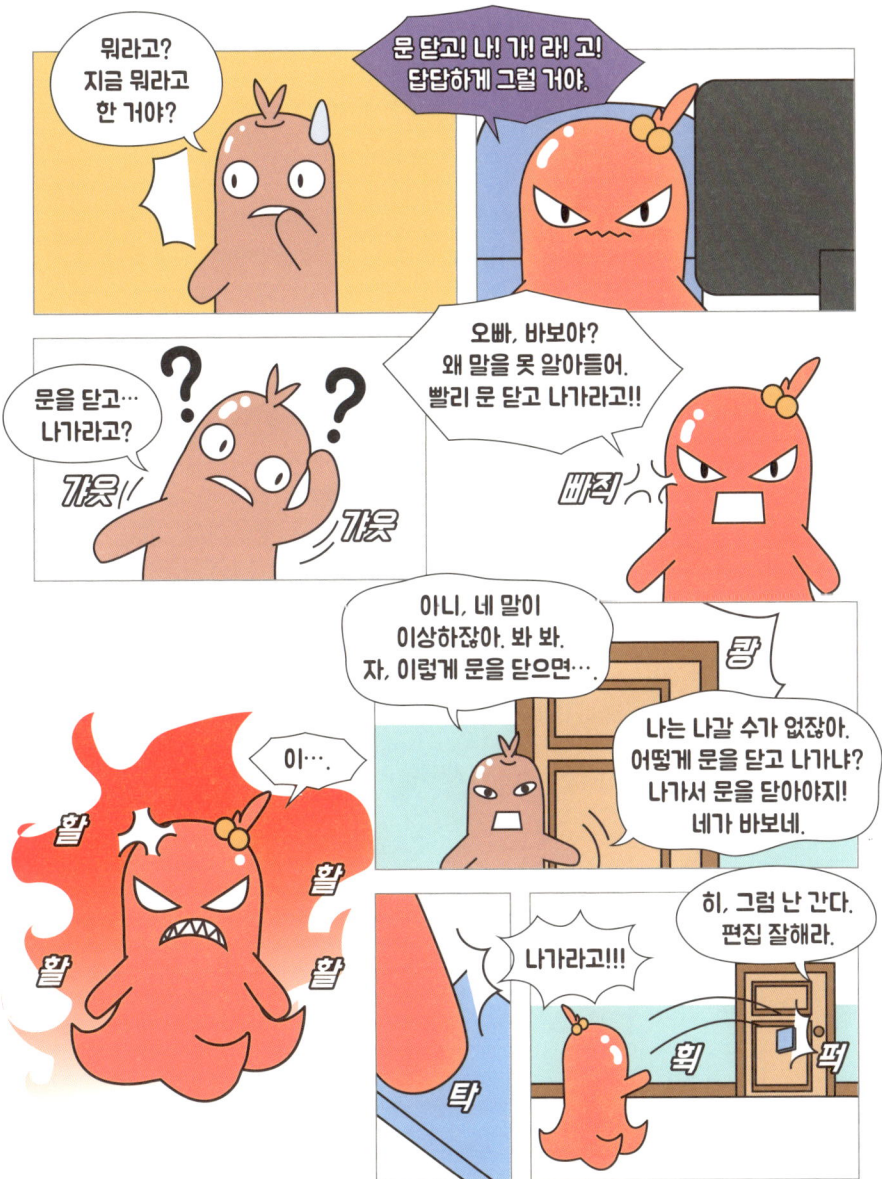

019 당당하다

부끄러움 없이 떳떳하고 자신만만한 마음. 동생과 열심히 숙제를 하고 있는데, 아래층 아저씨가 벨을 눌러요. 엄마가 문을 열어 보니 층간소음으로 올라왔대요. 엄마는 저희 아이들은 공부 중이라며 당당하게 문을 닫았어요. 왠지 우리 어깨가 으쓱해져요.

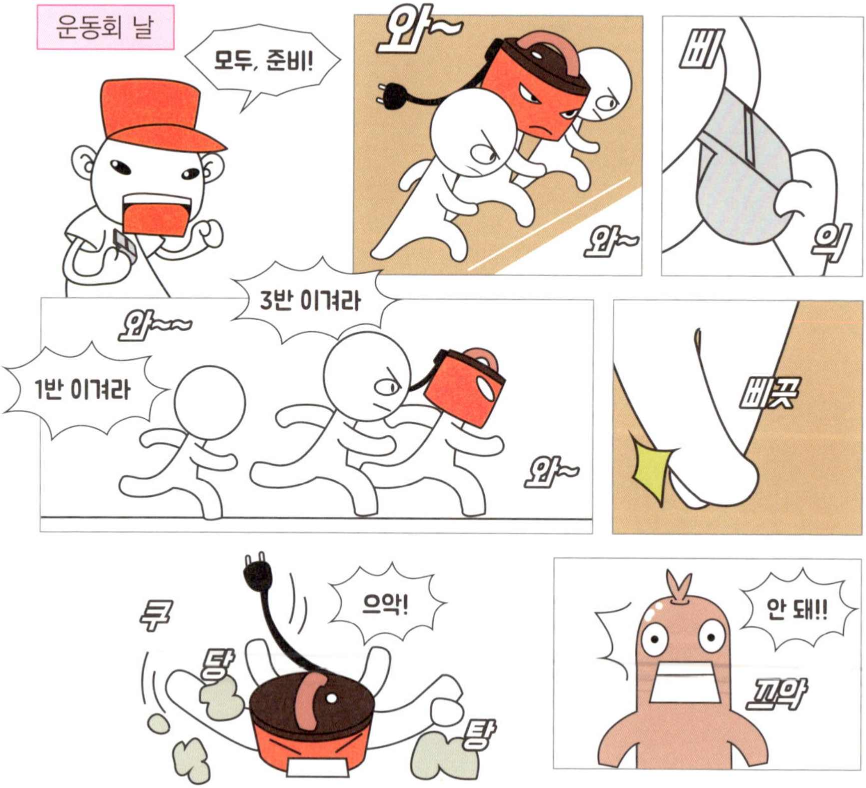

020 대단하다

어떤 일에 특별히 뛰어나거나 몹시 크고 많을 때 놀라는 마음. 우리 반에 책을 좋아하는 친구가 있어요. 책을 열심히 읽는 건 알았지만, 1년에 356권을 읽었대요. 매일 한 권씩이라니 정말 대단하다는 말밖에 안 나와요.

021 두려워하다

사람, 물건, 상황 등을 무서워하거나 겁내는 마음. 무서운 이야기를 듣거나 보고 나면 괜히 두려운 생각이 들어서 혼자 있으면 머리가 주뼛 서요. 이런 날이면 두려움을 떨치기 위해 엄마 옆에 꼭 붙어서 잠도 자고, 재미있는 이야기로 깔깔거려 보세요.

022 든든하다

누군가 나를 지켜 준다는 믿음에 힘이 솟는 마음. 놀이터에서 그네를 타려고 줄을 섰는데, 내 차례가 되자 뒤에 있던 무서워 보이는 형이 먼저 타버렸어요. 그때 우리 형이 나타나 내 동생 차례라며 내리라고 해요. 우리 형이 있어 정말 든든해요.

023 들뜨다

어떤 기대로 인해 기분 좋게 흥분된 마음. 드디어 내일이면 처음으로 친구들과 떠나는 2박 3일 수련회 날이에요. 며칠 전부터 가방도 싸고, 장기자랑도 준비했어요. 오늘은 마음이 들떠서 아무리 자려 해도 잠이 오지 않을 것 같아요.

맛있겠다, 내가 좋아하는 딸기 케이크!!

내일 학교 끝나고 와서 먹어야지.

히~, 빨리 집에 가서 케이크 먹어야지. 케이크 먹을 생각에 마음이 들뜨네.

024 따뜻하다

편안하고 정다운 마음. 우리 할머니는 나만 보면 이거 먹을래, 저거 먹을래? 무슨 일이든 잘했다 칭찬하며 머리를 쓰다듬어 주세요. 그래서 할머니만 생각하면 마음이 따뜻해지며, 할머니가 해 주셨던 맛있는 음식이 생각나요.

025

따분하다

즐겁지 않아 지루하고 답답한 마음. 달리기를 하다가 발목을 다쳐 깁스를 하게 되었어요. 쉬는 시간마다 뛰어다니는 친구들을 보니 나도 막 달리고 싶어요. 언제쯤 깁스를 풀고 이 따분한 마음을 뒤로 하고 달릴 수 있을까요?

026 뜨끔하다

잘못한 것이 있어 찔리는 마음. 알림장 검사를 하던 선생님께서 친구 알림장을 보다 말고 "○○야, 글씨 좀 예쁘게 쓰자."라고 하셨어요. 나한테 한 말도 아닌데 괜스레 알림장을 뒤적이게 돼요. 이 감정이 바로 뜨끔한 기분이겠죠.

027

뜻깊다

어떤 일에 대하여 그 의미가 깊어 중요하게 생각하는 마음. 오늘은 태권도를 시작한 지 1년이 되어 국기원에서 심사를 보는 날이에요. 너무 긴장해서 실수도 있었지만, 최선을 다해서 마무리했어요. 뜻깊은 오늘은 절대 잊지 못할 것 같아요.

028

막막하다

앞이 보이지 않는 것처럼 답답한 마음. 국어 숙제로 자유 글짓기를 해야 하는데, 무엇을 써야 할지 아무리 생각해도 모르겠어요. 이럴 땐 누군가 힌트라도 주면 좋으련만…. 이런 마음이 막막함이에요.

029 만만하다

부담 없이 쉽게 다가갈 수 있어 낮추어 보는 마음. 내가 잘하는 일은 부담 없이 능숙하게 잘할 수 있어 만만하게 봐도 되지만, 사람을 만만하게 보면 무시하는 마음이 생겨 갈등의 원인이 되기도 한답니다.

030 만족하다

부족함 없이 넉넉하여 흐뭇한 마음. 치킨 한 마리로 온 가족이 함께 먹으면 언제나 부족하게 느껴졌는데, 복날인 오늘은 특별히 1인 1닭이란다. 보기만 해도 기분 좋고, 배가 부르다. 이것이 만족이겠죠.

031

망설이다

이러지도 저러지도 못하는 흔들리는 마음. 샤프를 사기 위해 문구점에 들렀어요. 하나를 골라야 하는데, 이건 귀엽고, 저건 잘 써지고, 요건 유행하는 거예요. 한참을 고민해 봐도 고를 수가 없어서 그냥 되돌아 나왔어요. 이제 숙제는 어떻게 하죠?

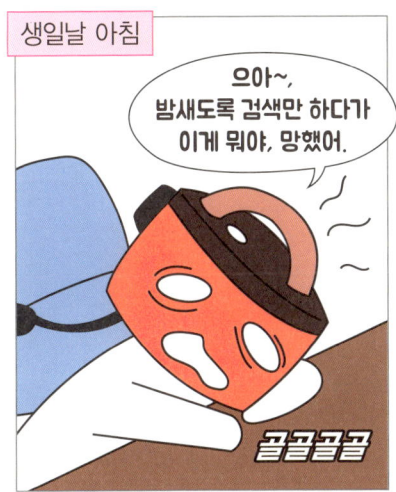

망신스럽다

잘못된 행동이나 말로 명예가 떨어져 창피한 마음. 원숭이가 나무를 타듯 구름사다리를 잘 탄다며 잘난 척하다가 그만 기구에서 떨어졌어요. 창피한 마음에 아픈 것도 모르고 벌떡 일어났더니 친구들이 까르르 웃어요. 아, 망신스럽다.

033

못마땅하다

마음에 들지 않아 불만스러운 마음. 동생이 내 물건을 쓰고는 아무 곳에나 휙 던져 놔요. 그래서 정작 내가 필요할 때에는 쓸 수가 없어요. 이런 동생의 행동은 정말 못마땅해요. 동생의 나쁜 버릇을 어떻게 고쳐야 할까요?

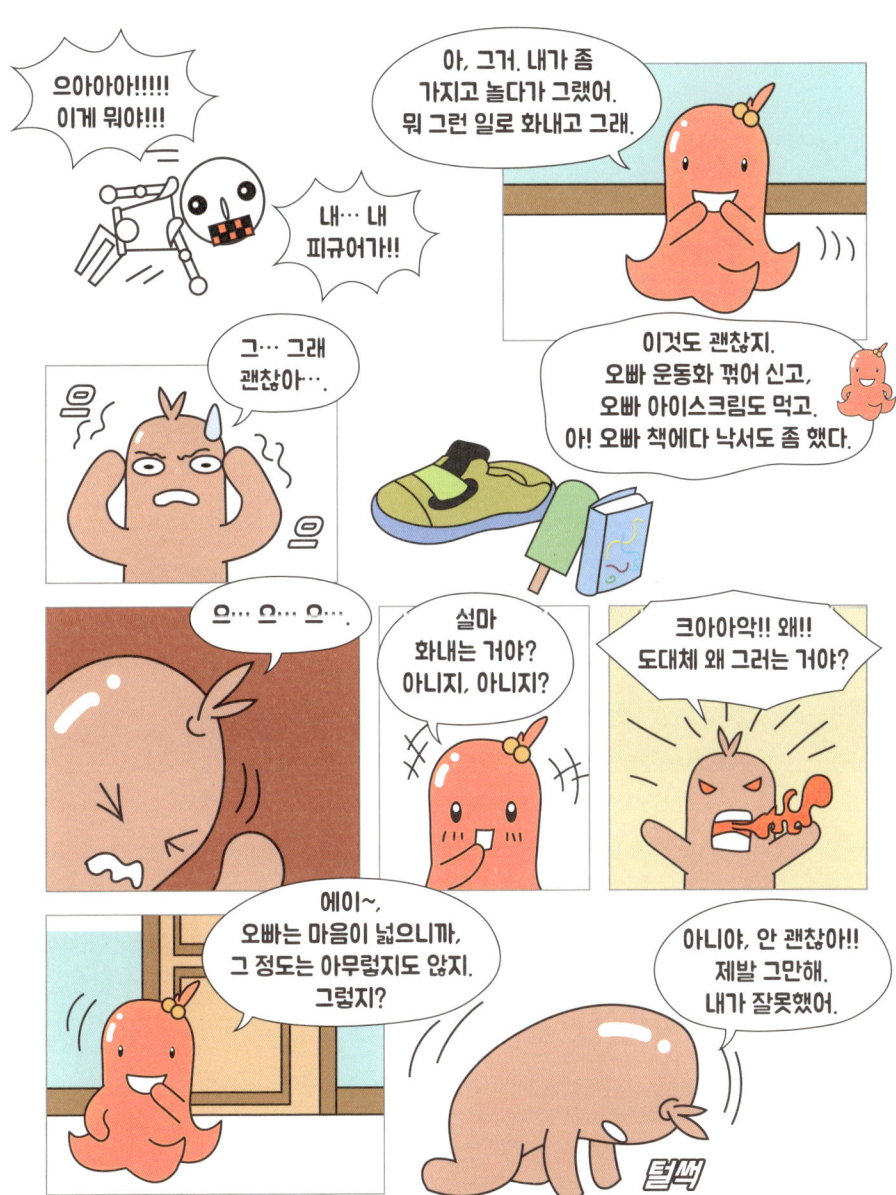

034

무섭다

좋지 않은 일이 일어날 것 같아 걱정스러운 마음. 보통 두렵거나 놀랐을 때 우리는 무섭다는 표현을 자주 사용하지만, 걱정스러운 마음을 표현할 때도 무섭다는 표현을 사용해요. '밀린 학습지를 숨겨 놓은 것을 엄마에게 들킬까 봐 무섭다.'처럼요.

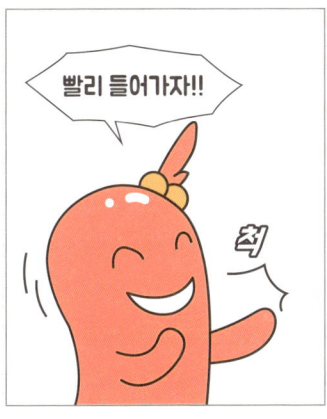

035 미안하다

다른 사람에게 잘못하여 불편한 마음. 친구와 교실에서 장난을 치다 그만 짝꿍의 우유를 쏟았어요. 우유는 짝꿍의 옷과 가방, 교과서를 적셨어요. 짝꿍은 괜찮다고 했지만, 자꾸 마음이 쓰이고 미안했어요. 다음에는 좀 더 조심해야겠어요.

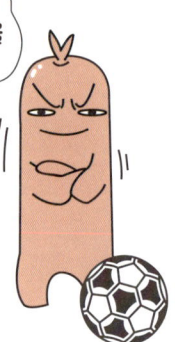

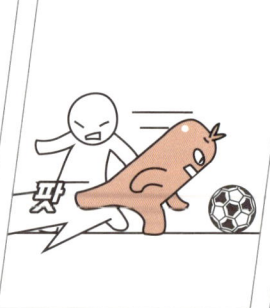

ㅂ/ㅅ

36 반갑다
37 벅차다
38 변덕스럽다
39 보람차다
40 부끄럽다
41 부담스럽다
42 분하다
43 불쌍하다
44 비굴하다
45 뿌듯하다
46 사랑스럽다
47 산뜻하다
48 서럽다
49 서먹서먹하다
50 서운하다
51 설레다
52 수월하다
53 수치스럽다
54 슬퍼하다
55 신기하다
56 신나다
57 실망스럽다
58 싫다
59 씩씩하다

반갑다

보고 싶었던 사람을 만나거나 좋은 소식에 즐거운 마음. 개학식이 일주일 앞으로 다가왔어요. 방학도 좋지만 친구들과 선생님을 만날 수 없는 건 너무 슬퍼요. 친구들을 만날 생각에 개학식이 반갑기만 해요.

037

벅차다

크게 감동하여 가슴이 터질 듯한 기쁜 마음. 짝사랑하던 친구에게 고백을 받았어요. 평소 이야기도 자주 하지 않는 사이라 이런 고백을 받을 줄은 꿈에도 몰랐지요. 그 친구와 마음이 통한 것 같아 가슴이 터질 것만 같아요. 우리 잘 되겠죠?

038 변덕스럽다

자꾸 이랬다저랬다 하며 바뀌는 마음. 오늘은 날씨가 참 이상해요. 등굣길에는 해가 반짝이며 맑더니, 학교에 도착하니 갑자기 먹구름이 몰려오며 폭우가 내리기 시작했어요. 그러고는 다시 언제 그랬냐는 듯 해가 반짝이네요. 참 변덕스러운 날씨예요.

오빠, 알지? 저번에 먹은 내 간식!! 오늘 내가 사과할 기회를 줄게.

뭔데? 대신 이제 완전히 용서해 주는 거다.

알겠어. 그럼 먼저 아이스크림 하나만 가져다줘.

헤헤

알았어. 금방 가져올게.

쾅

여기, 네가 좋아하는 녹차 아이스크림. 내가 비닐도 벗겨 왔어.

짠

039 보람차다

자신이 한 일이 좋은 결과를 얻어 자랑스러운 마음. 아프리카 친구에게서 편지가 왔어요. 작년부터 우리 가족이 후원하고 있는 친구예요. 이제 학교에 다닐 수 있게 되었다는 친구의 소식에 뛸 듯이 기분이 좋았어요. 우리 열심히 공부하자!

040 부끄럽다

잘못된 행동으로 불편하고 떳떳하지 못한 마음. 교실 바닥에 만 원짜리 지폐가 떨어져 있어요. 신이 나서 얼른 주워서 주머니에 넣었어요. 그런데 주머니에 넣고 나니 왠지 부끄러운 생각이 들어요. 생각을 바꿔 선생님께 가져다드리니 마음이 편안해요.

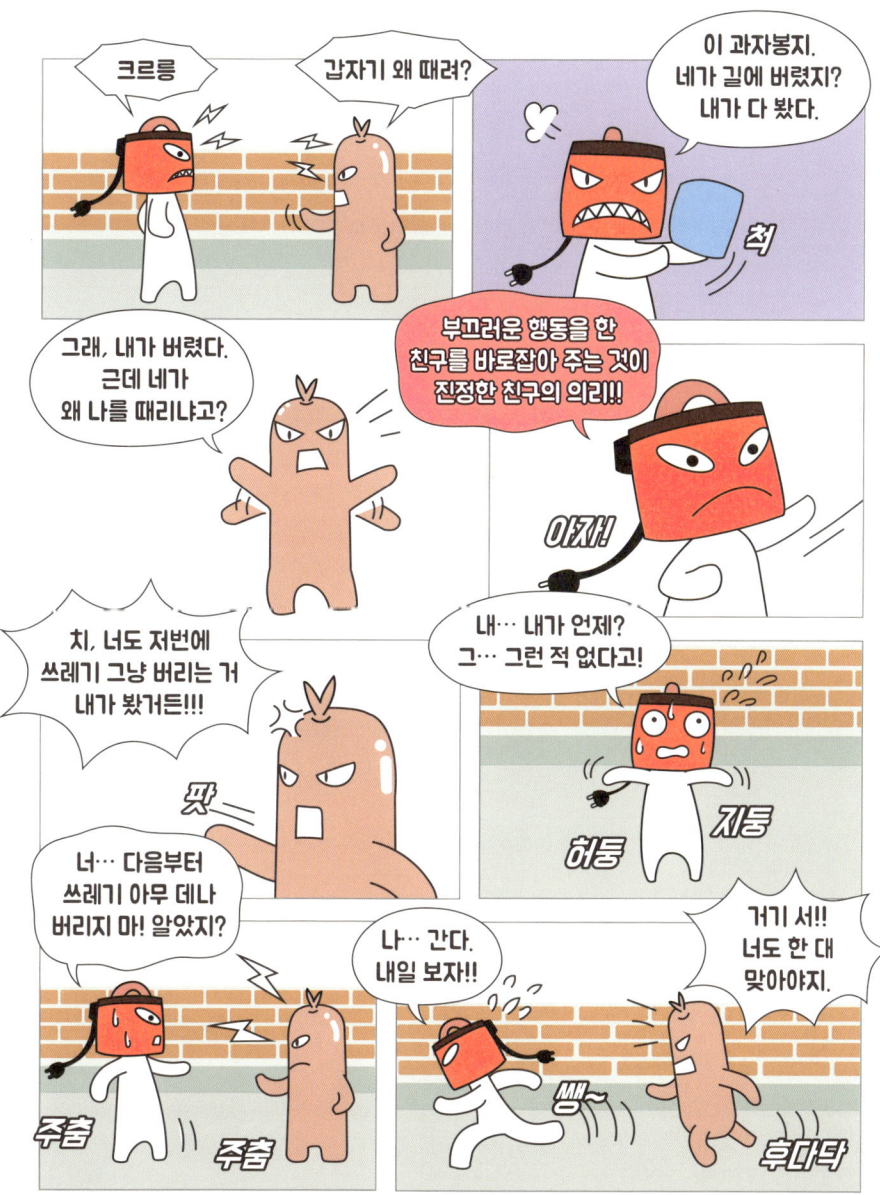

041 부담스럽다

책임감이 느껴지는 무거운 마음. 학교 대표로 발명품 대회에 나가게 되었어요. 학교에서 만들 때는 마냥 재미있었는데, 학교 대표가 되니 어깨가 무거워요. 잘 만들어서 좋은 결과가 있었으면 좋겠어요. 이런 부담감 속에서 책임감과 성취감이 자란답니다.

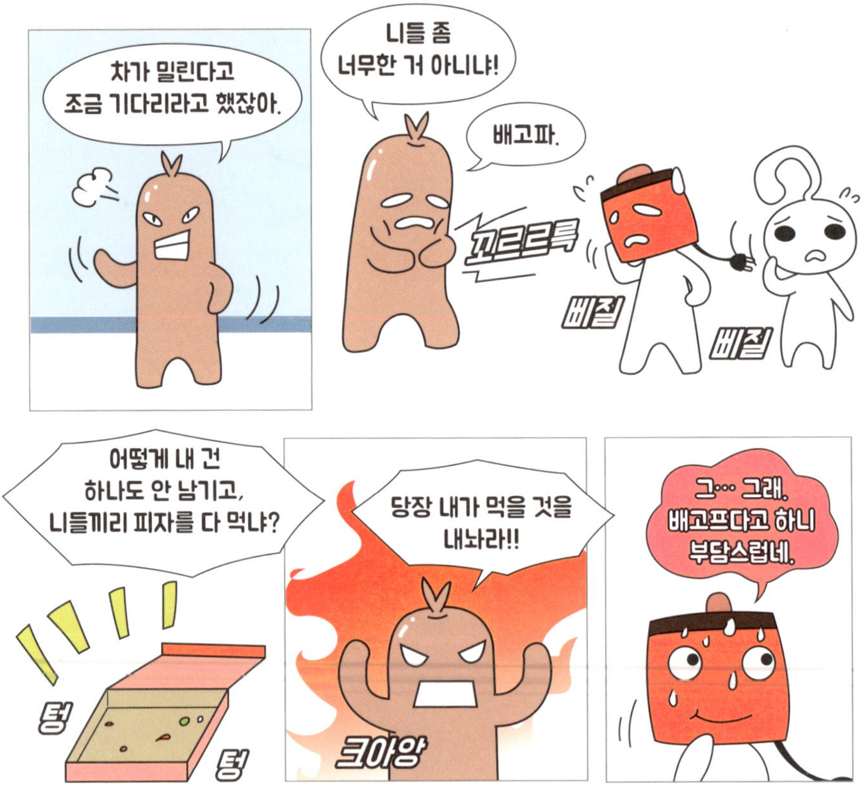

> 차가 밀린다고 조금 기다리라고 했잖아.

> 니들 좀 너무한 거 아니냐!

> 배고파.

> 어떻게 내 건 하나도 안 남기고, 니들끼리 피자를 다 먹냐?

> 당장 내가 먹을 것을 내놔라!!

> 그… 그래. 배고프다고 하니 부담스럽네.

042

분하다

억울하여 화가 나는 마음. 공놀이를 하다가 내가 던진 공에 동생이 잘못 맞았어요. 미안하다고 얘기했지만, 동생은 엄마에게 달려가 울음을 터트리며 일러요. 정말 일부러 맞히려고 한 게 아닌데, 엄마한테 혼이 나니 분한 마음이 들어요.

043 불쌍하다

가여운 생각에 슬픈 마음. 길을 지나가는데 새끼 고양이가 비에 젖어 덜덜 떨고 있어요. 너무 작아 안쓰럽고 불쌍해요. 집에 데려가고 싶지만, 엄마 고양이가 걱정할 것 같아 그냥 두고 왔어요. 지금은 엄마 품에서 잘 자고 있겠죠?

"아아악, 이가 너무 아파."

"아이고, 불쌍해라. 신상 아이스크림을 그렇게 먹고 싶어 했는데…."

"너무 아파."

"갑자기 왜 이가 아파서는…."

"어차피 치과 갈 건데, 그냥 아픈 거 참고 하나 먹을까?"

"안 돼, 안 돼. 그러다가 더 아프면 어쩌려고."

044 비굴하다

다른 사람의 비위를 맞추며 굽신거리는 처량한 마음. 작은 잘못을 꼬투리로 잡고 친구를 괴롭히려는 친구들이 있어요. 이때는 비위를 맞추며 비굴해지기보다는 잘못된 부분을 바로 고치고 당당해져야 해요.

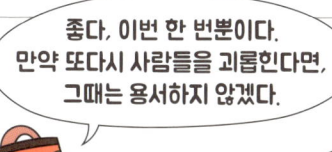

045 뿌듯하다

기쁨이 꽉 차서 벅찬 마음. 모둠 과제로 UCC를 만들었어요. 친구들과 주제에 맞춰 이야기를 만들고, 촬영에 편집까지 처음 하는 활동이라 갈등도 많고 힘들었어요. 완성된 UCC를 보며 가슴이 벅찼어요. 이런 감정이 뿌듯함이에요.

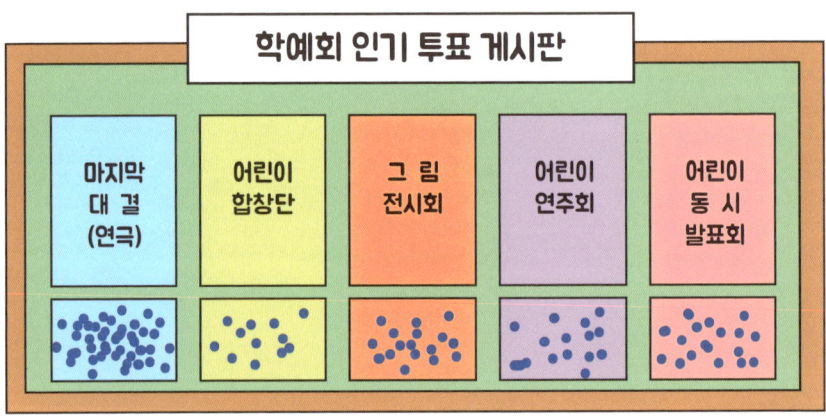

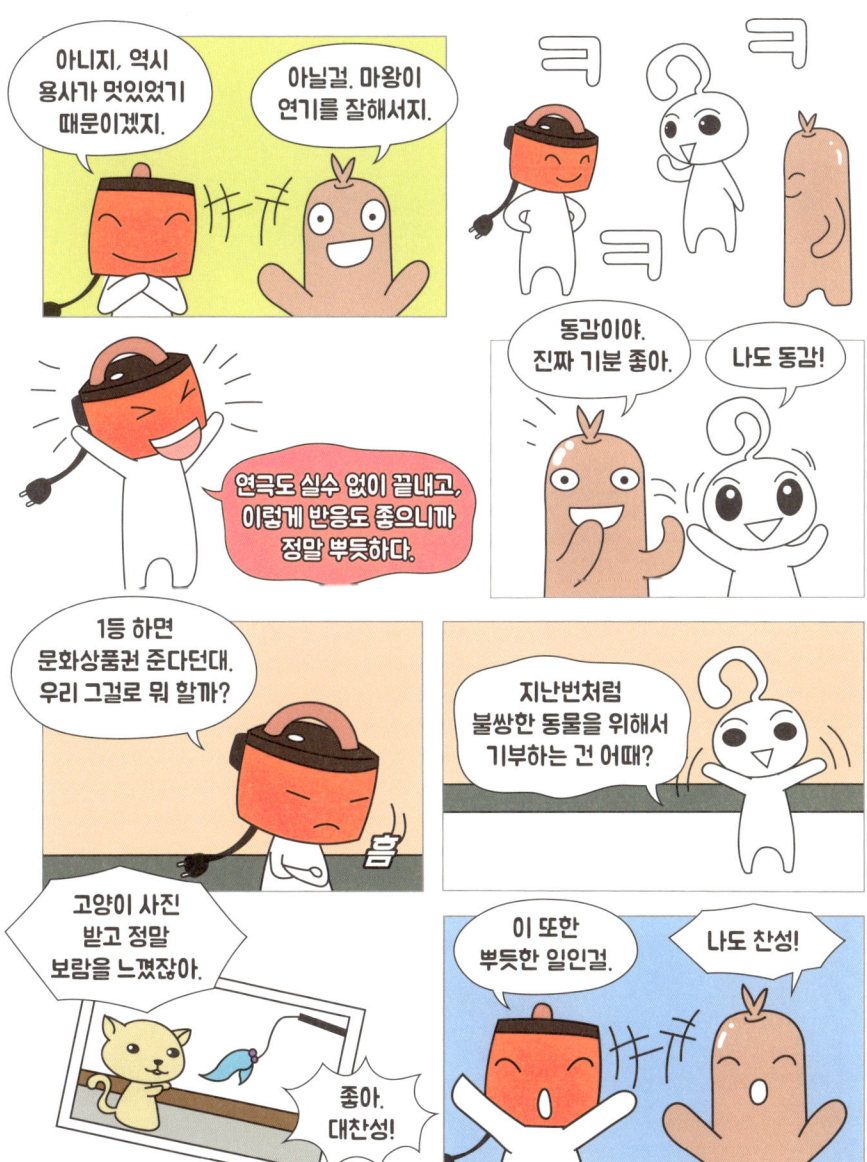

046

사랑스럽다

행동이나 생김이 귀엽고 사랑스럽게 느껴지는 마음. 강아지나 인형, 귀여운 물건을 보면 나도 모르게 눈에서 하트가 뿅뿅 나와요. 사랑스러운 마음에 모두 갖고 싶지만, 꼭 필요한 것만 사야 한다는 건 모두 알고 있겠죠.

047 산뜻하다

기분이나 느낌이 밝고 가볍게 느껴지는 마음. 오늘은 대청소 날이에요. 그동안 수북하게 쌓여 있던 책상 위 물건들도 정리하고, 바닥에 널브러져 있던 옷가지와 장난감들도 정리했어요. 모두 제자리에 들어가니 내 방도, 내 마음도 산뜻해졌어요.

오빠, 안에 있어?

똑 똑

대답이 없어서 내 맘대로 들어왔어. 오빠가 보던 퀴즈책 좀 내 맘대로 빌려 갈게!

벌컥

아, 저기 있다!

흠, 근데 방이 좀 썰렁하네. 책도 빌리는데, 방을 좀 산뜻하게 바꿔 볼까.

048

서럽다

아무도 의지할 곳 없이 외롭고 슬픈 마음. 오늘은 공개수업이 있는 날이에요. 교실은 일찍부터 오신 부모님들로 가득했어요. 우리 엄마만 아직 오지 않은 것 같아 자꾸 뒤를 돌아보게 돼요. 부모님이 오셨다며 자랑하는 친구들 말에 자꾸 서러워져요.

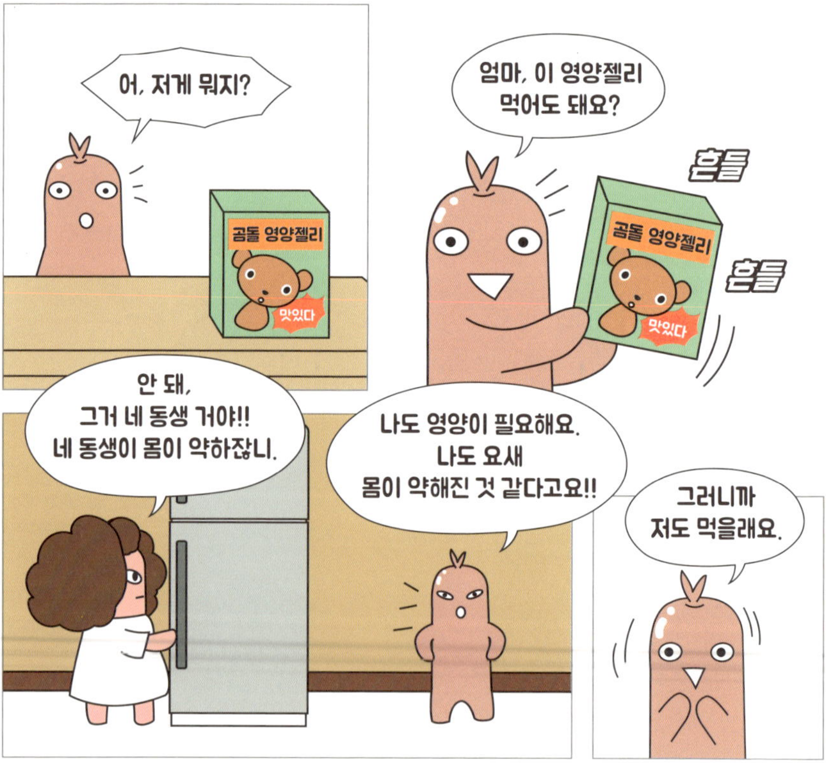

049 서먹서먹하다

낯설고 불편해 어색한 마음. 어제 짝꿍이랑 작은 지우개 때문에 싸웠어요. 토라져 서로 말도 하지 않았지요. 오늘 아침 서로 눈을 마주쳤지만, 모르는 척 고개를 돌려요. 아, 서먹한 이 기분 정말 싫어요. 먼저 사과할까 봐요.

뭐야, 뭐? 지금 이 분위기 왜 이렇게 서먹서먹해?

말해 봐. 도대체 무슨 일이냐고?

내가 황당해서 정말. 너 이거 어떻게 생각하냐? 라면을 끓일 때 달걀을 풀어야 되냐, 풀면 안 되냐?

뭐?

050 서운하다

부족하게 느껴져 아쉽거나 섭섭한 마음. 이제 막 절친이 된 친구가 멀리 전학을 가게 되었어요. 새로운 학교에서 좋은 친구도 만나고 잘 지내라고 인사했지만, 자꾸 서운한 생각이 들어요. 친구야, 전학 안 가면 안 될까?

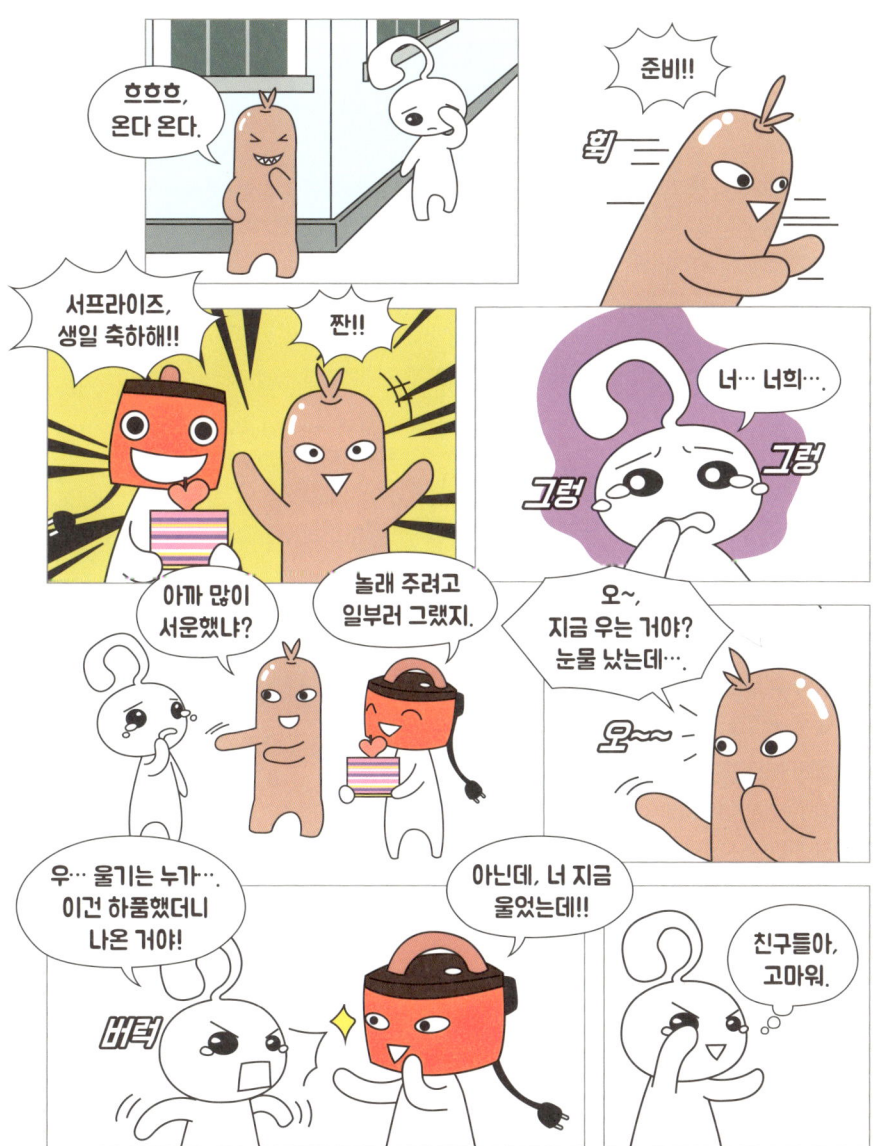

051

설레다

기대감에 두근거리며 들뜬 마음. 내일은 내 생일이에요. 처음으로 친구들을 초대해 파티를 할 거예요. 멋지게 장식된 거실을 보니 내일이 더 기대돼요. 매년 오는 생일인데 이번 생일은 유난히 설레요. 빨리 아침이 되었으면 좋겠어요.

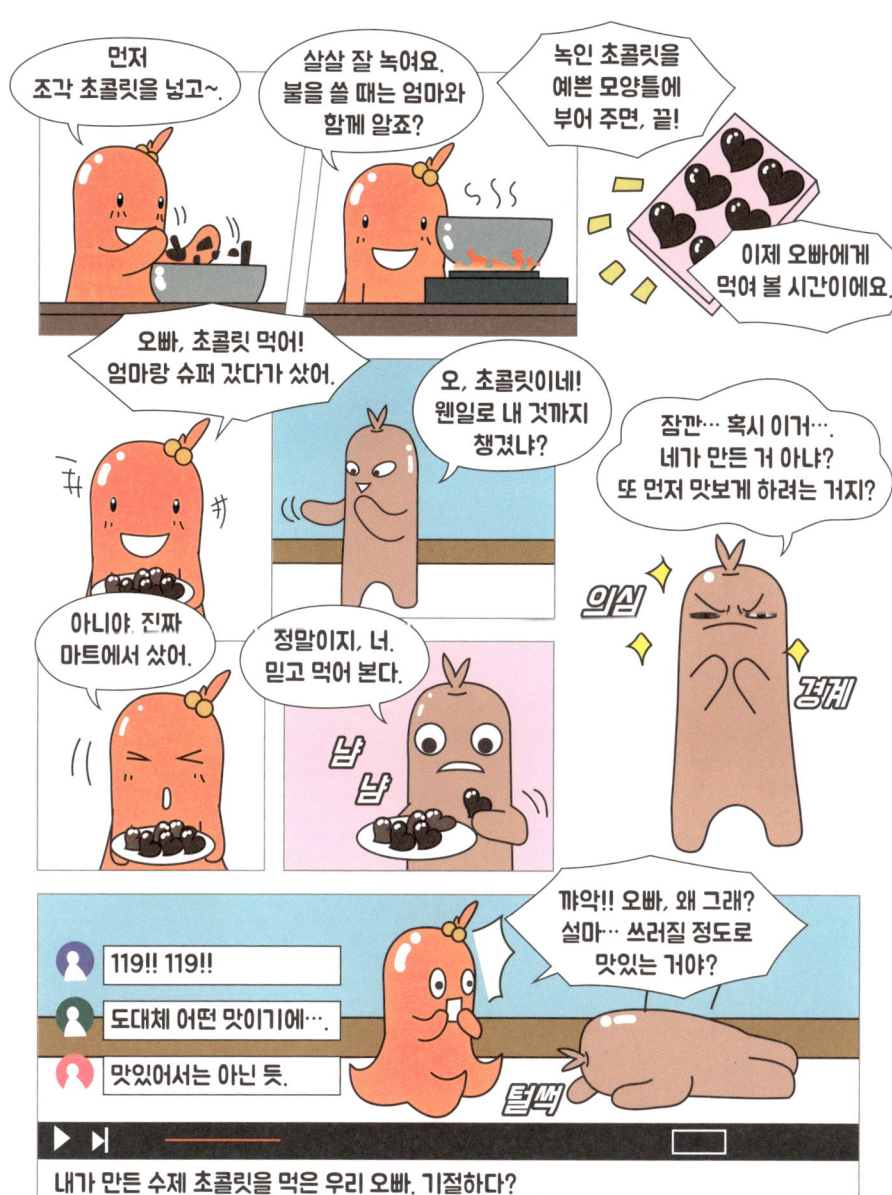

052 수월하다

어렵지 않고 쉽게 느껴지는 마음. 체육 시간에 평균대 걷기를 했어요. 처음에는 중간에도 가지 못하고 떨어졌지만, 두 팔을 벌려 천천히 한 발 한 발 내딛자 수월하게 평균대를 건널 수 있었어요. 처음부터 수월한 건 없답니다.

- 와아~, 네 방….
- 진짜 지저분하다. 청소 안 하냐?
- 좀 그렇지. 청소해야 하는데, 귀찮아서…. 헤헤
- 좋아. 이왕 여기까지 왔으니 우리가 청소를 도와주지!

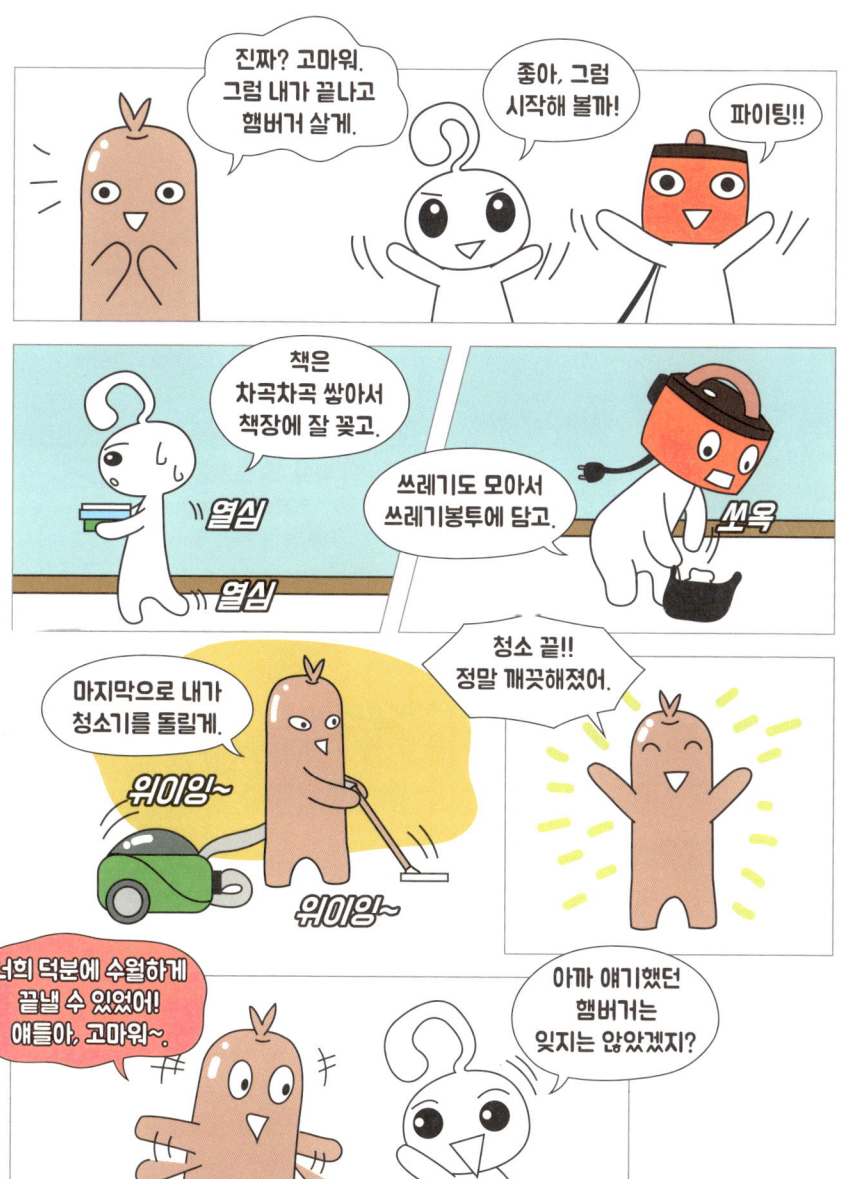

053 수치스럽다

고개를 들지 못할 정도로 창피하고 떳떳하지 못한 마음. 우리는 당당할 때 고개를 빳빳이 들고, 떳떳하지 못할 때 고개를 숙여요. 수치스러울 때도 마찬가지로 차마 고개를 들지 못할 거예요. 스스로 당당한 사람이 되도록 노력해요.

이번 시험에서… 100점… 맞았네.

뭐야, 왜 그러고 있어? 100점 맞았으면 기뻐해야 하는 거 아냐?

나도 기뻐하고 싶은데, 그럴 수가 없어. 사실은 시험 때….

내가 슬쩍 소심이 답을 보고 두 문제 베꼈단 말이야!!

슬쩍

054 슬퍼하다

어떤 일을 겪거나 보며 괴롭고 아픈 마음. 학년이 끝이 나고 이제 선생님과 헤어져야 할 시간이에요. 항상 우리를 보며 밝게 웃어 주시던 선생님을 매일 볼 수 없다는 생각에 너무 슬퍼요. 선생님, 사랑해요.

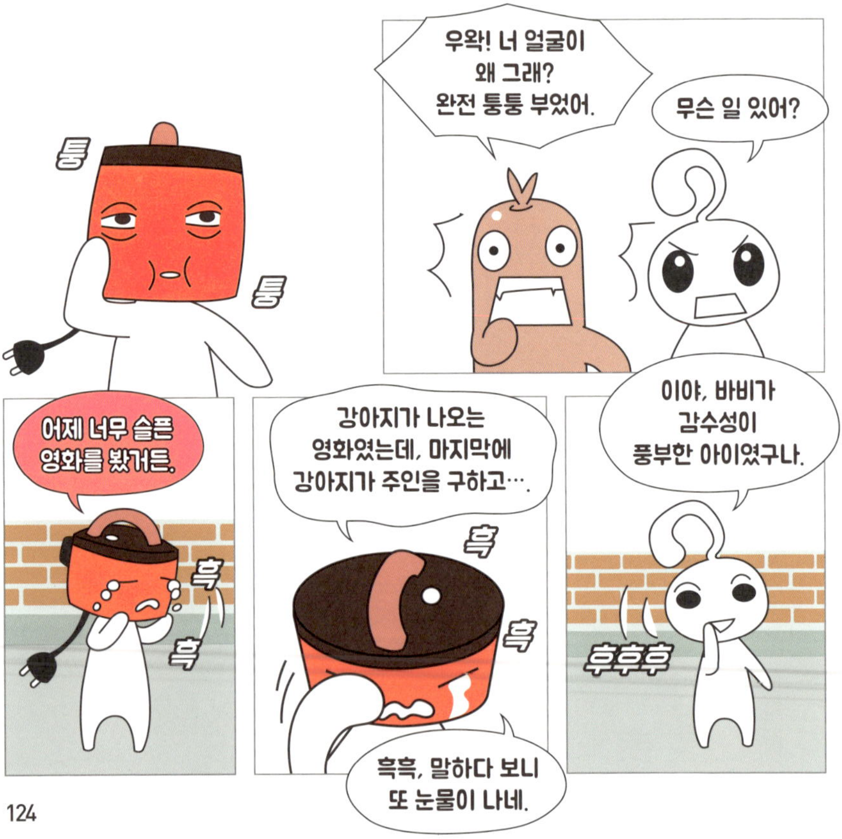

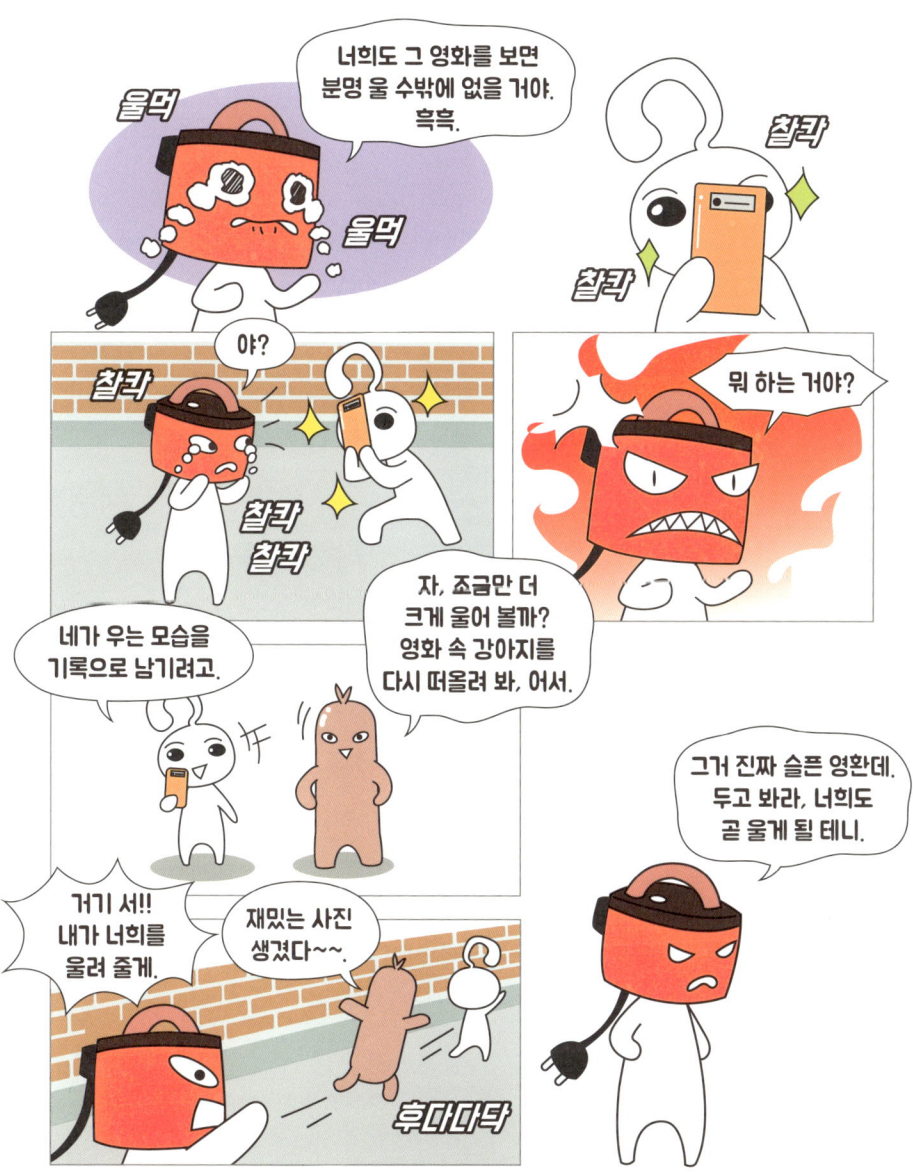

055 신기하다

처음 보는 것처럼 색다르고 놀라운 마음. 방과후교실에서 마술을 배워요. 선생님이 보여 주는 시범은 마냥 신기해서 아이들 모두 '와~' 하고 입을 다물지 못해요. 나도 열심히 연습해서 우리 반 친구들에게 보여 줄 거예요. 기대하세요!

다음 동영상

 초콜릿, 오빠에게 먹이기

 오빠방 예쁘게 꾸미기

 오빠 병원에 보낸 이야기

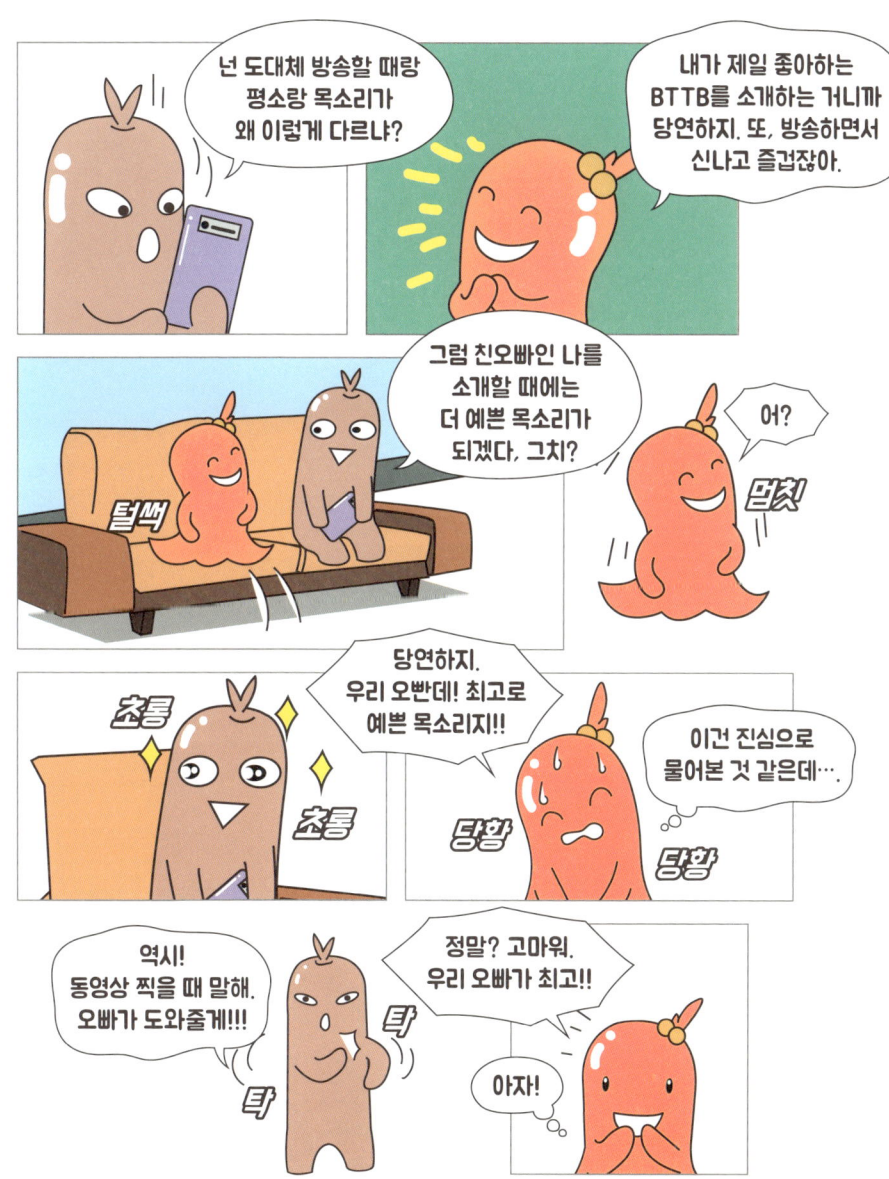

신나다

흥이 나서 매우 즐거운 마음. 점심시간에 축구 시합을 했어요. 오늘따라 공이 발에 붙은 것처럼 아주 잘 차졌어요. 종소리와 함께 내 발끝을 떠난 공은 골대를 향해 들어갔고, 우리 팀이 이겼어요. 나는 기분이 좋아서 막 소리쳤지요.

057 실망스럽다

바라던 일이 이루어지지 않아 속상한 마음. 엄마와 작은 화분에 토마토 씨앗을 심었어요. 드디어 화분에 작은 새싹이 돋았네요. 해가 잘 드는 창가로 옮겨 잘 자라라고 매일매일 물을 주었어요. 그런데 그만 새싹이 썩어 버리고 말았어요.

띠링

메시지가 도착했습니다.

문자 왔네.

[퍼펙트 토이]
오후 2~4시 사이에 고객님이 주문하신 물품이 배송될 예정입니다.

오전 11:09

특가 5,000원
구매
지구본

드디어 오는구나! 싸게 파는 곳이라 배송이 너무 오래 걸렸어.

지구본에다 동물들이 사는 곳도 다 표시해 놔야지. 재밌겠다!!

팬더

돌고래

코알라

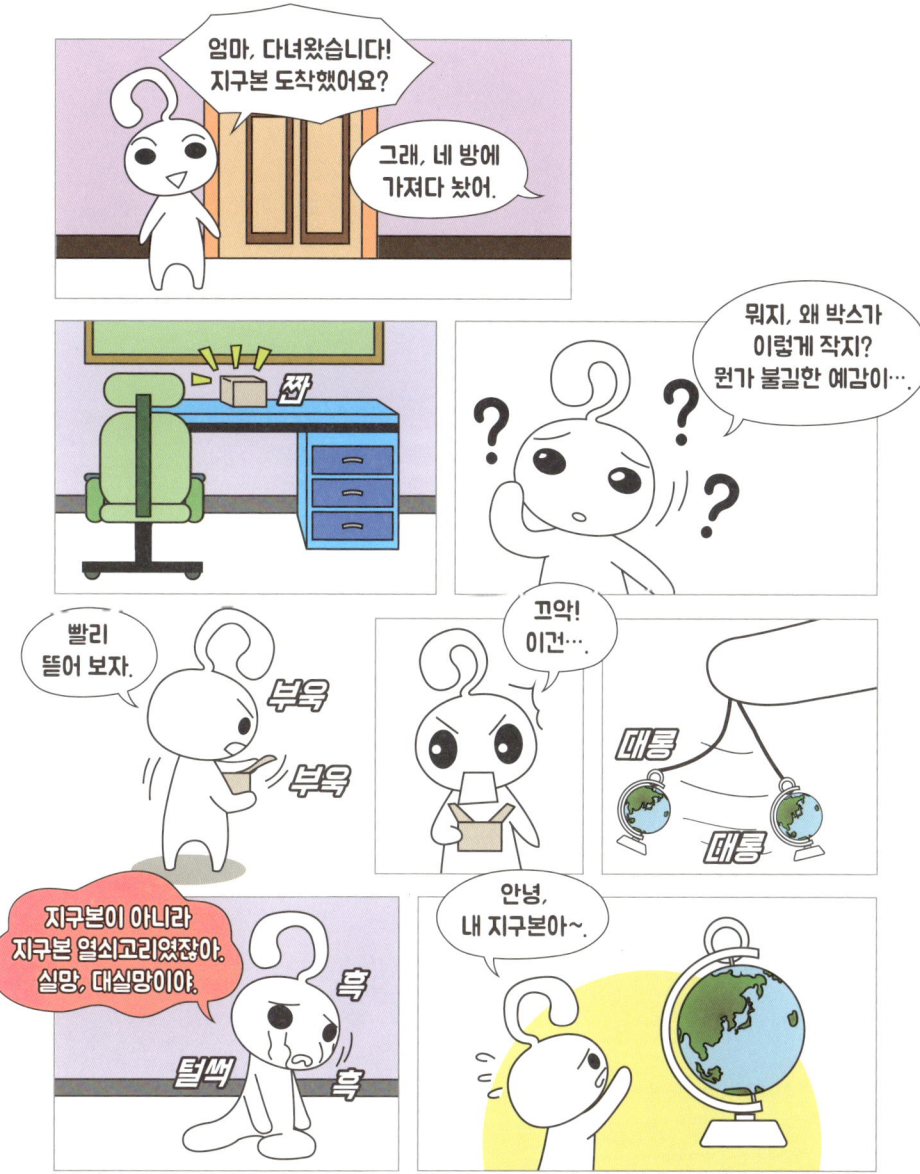

058 싫다

나쁘게 느껴지는 마음. 채소 중에서 싫어하는 걸 이야기하라고 하면 가지와 버섯이 가장 많을 거예요. 하지만 싫어하는 음식도 자주 먹다 보면 본연의 맛을 느끼게 되고, 조금씩 좋아지게 될 거예요. 오늘 저녁엔 가지에 도전해 볼까요!

059 씩씩하다

힘차고 또랑또랑하게 느껴지는 마음. 유치원을 다니던 떼쟁이 동생이 초등학생이 되고부터 아주 씩씩하게 바뀌었어요. 또랑또랑한 목소리로 인사도 잘하고, 친구들과도 씩씩하게 잘 놀아요. 내 동생 참 기특하죠!

미술 숙제가 찰흙으로 원하는 거 만들기였지?

어, 근데 난 만들기는 자신 없어. 정말 걱정이다.

어휴~.

어쩔 수 없이 내가 나서야겠군. 나만 믿으라고!

우와~, 오늘따라 너 되게 믿음직하고, 씩씩해 보인다!

그럼 우린 너만 믿는다! 잘 부탁해.

ㅇ

- 60 아름답다
- 61 아리송하다
- 62 아쉽다
- 63 아찔하다
- 64 안심하다
- 65 안절부절못하다
- 66 애타다
- 67 얄밉다
- 68 어이없다
- 69 어정쩡하다
- 70 억울하다
- 71 얼떨떨하다
- 72 엉뚱하다
- 73 외롭다
- 74 용기 있다
- 75 우쭐하다
- 76 의기소침하다
- 77 의아하다

060 아름답다

눈과 귀에 느껴지는 황홀한 마음. 주말 아침, 가족이 함께 뒷산 정상에 올랐어요. 오랜만에 오르는 것이라 조금 힘들긴 했지만, 정상에서 보는 서울 전경이 정말 아름다웠어요. 밤에 보는 야경은 더 아름다울 것 같아 다시 오자고 약속했어요.

아리송하다

그런 것 같기도 하고 아닌 것 같기도 한 헷갈리는 마음. 교실에 있으면 자꾸 눈이 가는 친구가 있어요. 급식을 먹을 때도 신경이 쓰이고, 친구들이랑 놀 때도 신경이 쓰이고, 하교할 때도 신경이 쓰여요. 내가 좋아하는 걸까요? 내 마음을 잘 모르겠어요.

062 아쉽다

없거나 부족하여 안타까운 마음. 점심에 급식으로 탕수육이 나왔어요. 얼른 먹고 추가 배식을 위해 달려갔지만, 벌써 다른 친구들이 모두 가져가 아쉬운 마음으로 걸음을 돌려야 했지요. 영양사 선생님, 맛있는 건 많이 만들어 주세요!

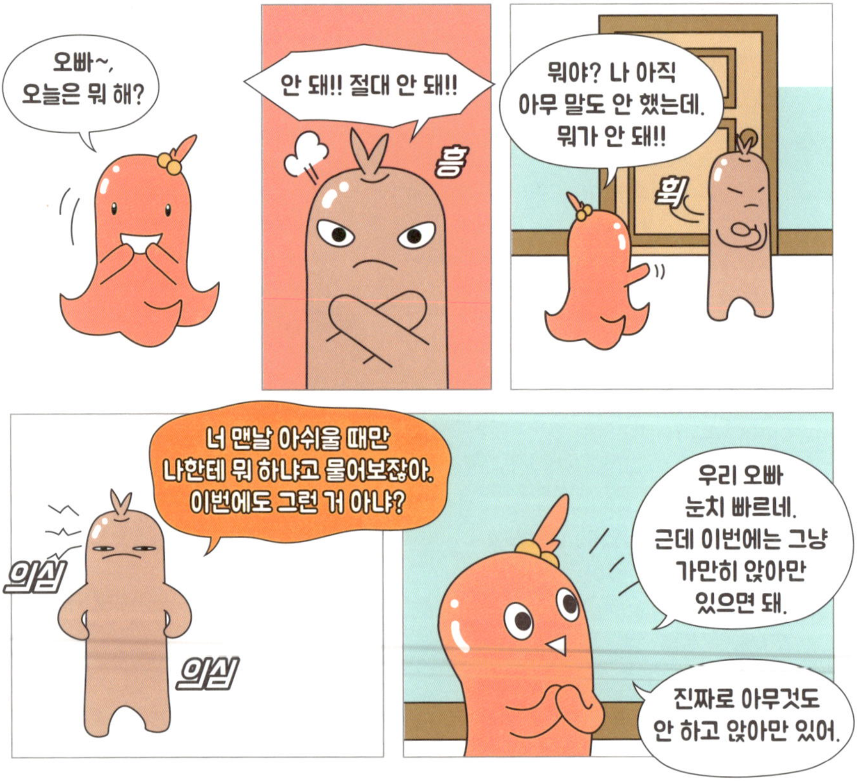

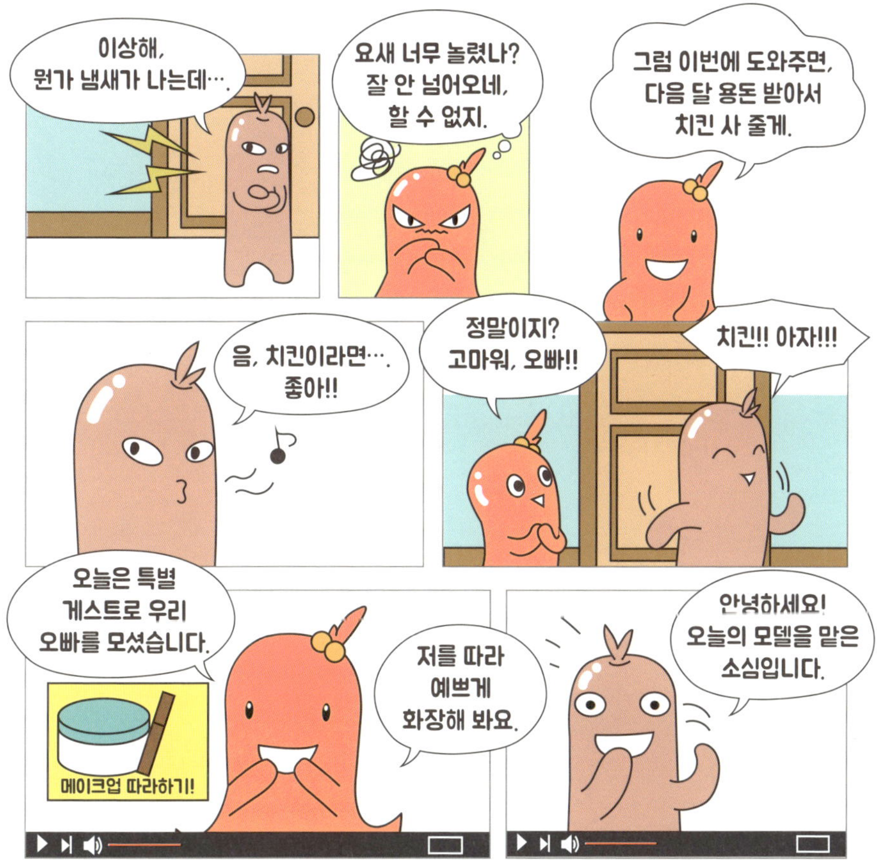

063

아찔하다

눈앞이 어두워지며 어지럽게 느껴지는 마음. 친구와 장난을 치며 달려가다가 그만 차가 오는 것을 보지 못하고 부딪힐 뻔했어요. 그 순간 다리가 풀리며 주저앉았지요. 다시 생각해 봐도 정말 아찔했어요. 길에서는 장난치지 말기.

수련회 〈구름다리산〉

오… 오오… 오…
이건… 좀….

덜덜덜

건널 수 있습니다!
기합 넣고 한 번에
건너가 봅니다!!

이거 너무 높은데,
저 고소공포증이 있어요.

빨리 와~.
재밌어!!

야자!

064 안심하다

문제가 해결되어 걱정 없이 편안해진 마음. 8시 40분에 눈이 번쩍 떠졌어요. 아, 지각이다. 나는 고양이 세수를 하고는 정신없이 학교로 달렸어요. 간신히 9시 3분 전에 도착, 자리에 앉으니 이제야 안심이 되네요.

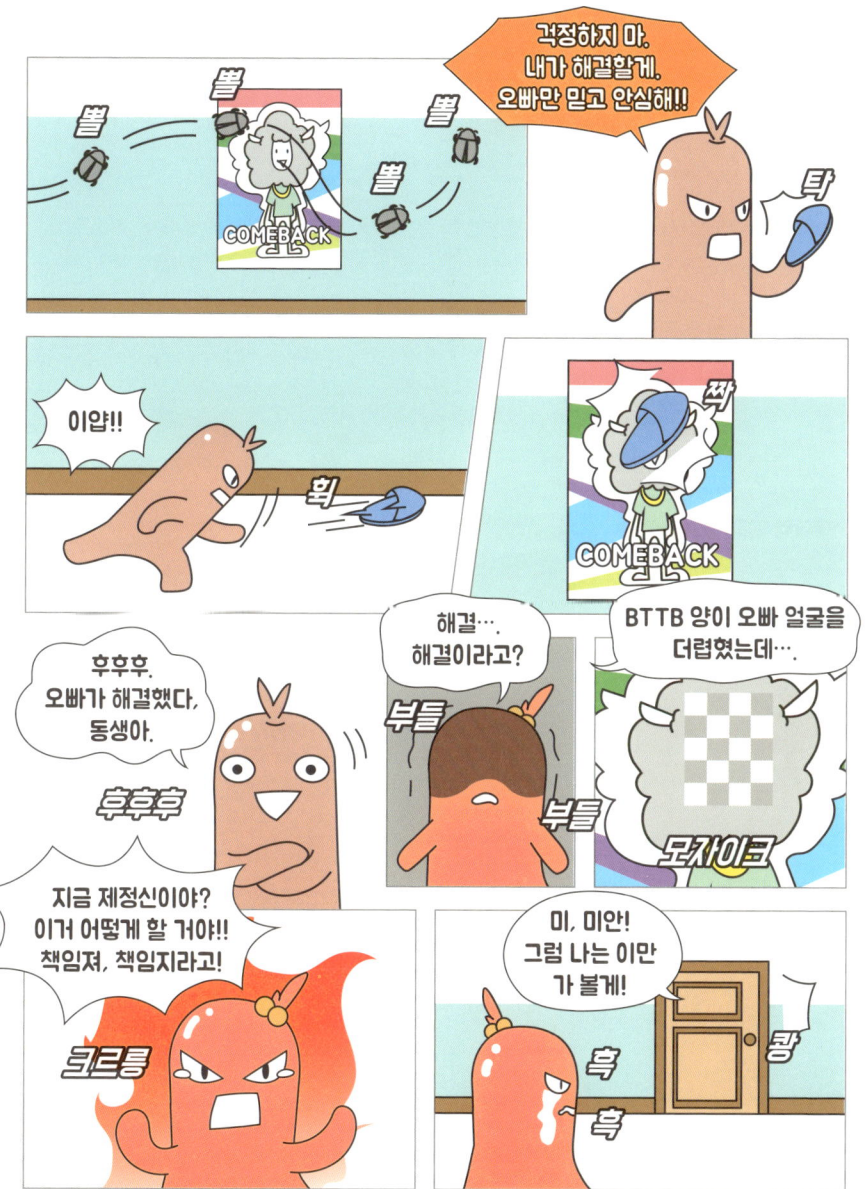

065 안절부절못하다

마음이 안정되지 않아 초조하고 불안한 마음. 1년 동안 용돈을 모아서 산 망원경이 드디어 오늘 도착이에요. 택배 아저씨가 올 시간이 되었는데, 왜 아직일까요? 가만히 앉아서 기다리려 해도 기다릴 수가 없어요. 딩동~, 택배 아저씨다!

066 애타다

몹시 속이 타는 마음. 매달 25일이면 도서관으로 과학 잡지가 와요. 나는 첫 번째로 잡지를 보고 싶어서 그날은 종일 도서관을 들락거려요. 그런데 오늘은 아무리 찾아도 잡지가 보이지 않네요. 애타게 기다리던 잡지는 어디로 갔을까요?

067

얄밉다

눈치 빠르게 자신의 이익만 챙기는 것이 몹시 미운 마음. 언제나 동생은 자기가 갖고 싶은 것만 차지해요. 혹시 내가 더 좋은 것을 가질라치면 눈물을 뚝뚝 흘리며 바꿔 달라고 해요. 동생이지만 이럴 땐 정말 얄미워요. 동생아, 나도 좋은 걸 갖고 싶단다.

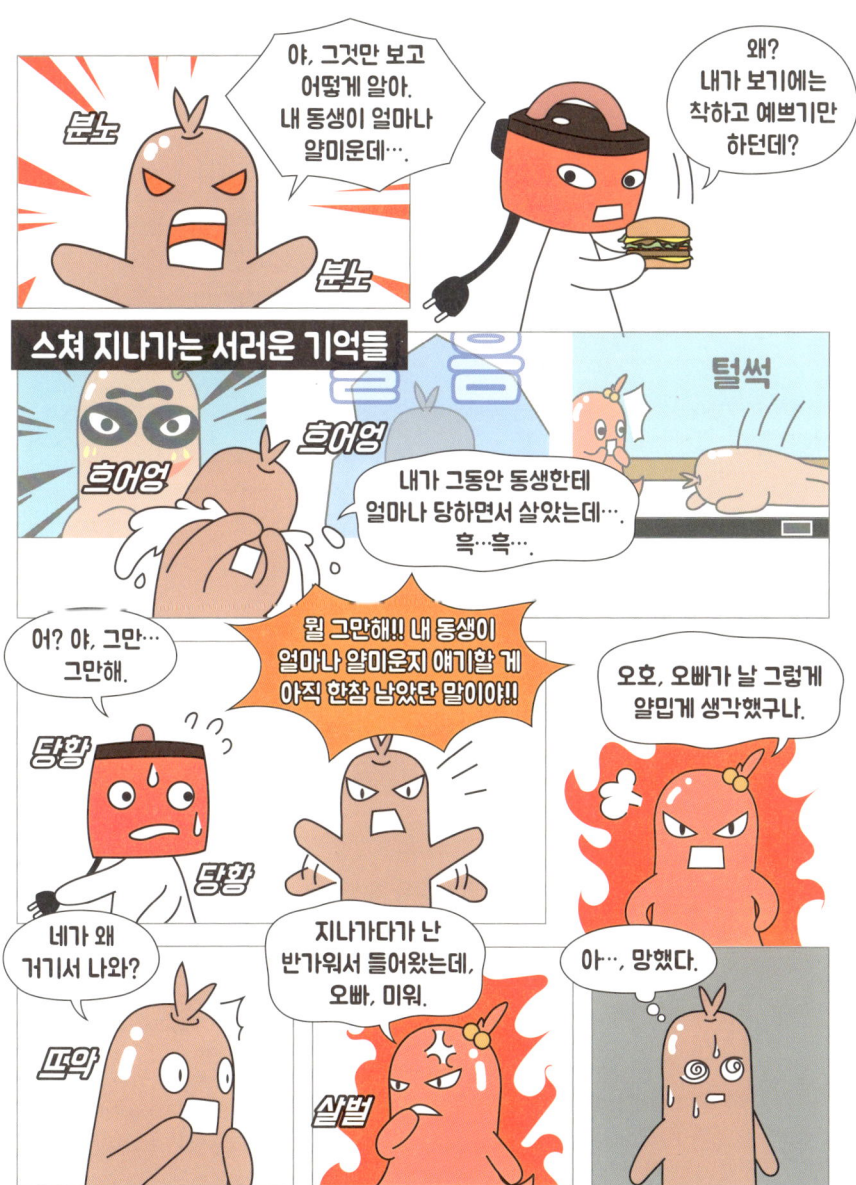

068 어이없다

기가 막히고 황당한 마음. 간식으로 과자를 먹으려고 봉지를 뜯는데, 잘 뜯어지지 않아요. 온 힘을 다해 힘을 주자 봉지가 쭉 찢어져 과자 조각들이 공중을 날아 바닥으로 모두 떨어졌어요. 3초 전에 주우면 먹을 수 있다는데, 정말일까요?

> 어제 나만 빼고 아이스크림 먹었냐? 나한테는 같이 가자는 말도 안 하고….

> 뭐라는 거야? 진짜 어이없다. 네가 싫다고 했잖아!!

> 거짓말 마!! 난 같이 가자는 말을 들은 기억도 없다고!

> 어제 집에 갈 때 우리가 뒤에서 불렀잖아!

어제 하굣길

069 어정쩡하다

분명하지 않고 어중간하여 난처한 마음. 엄마와 옷을 사러 갔어요. 엄마는 자꾸 예쁘다며 치마와 블라우스를 권해 주었어요. 옷을 입고 나온 나를 보며 너무나 좋아하는 엄마의 모습에 나는 싫다는 말도 못 하고 어정쩡한 표정으로 서 있었어요.

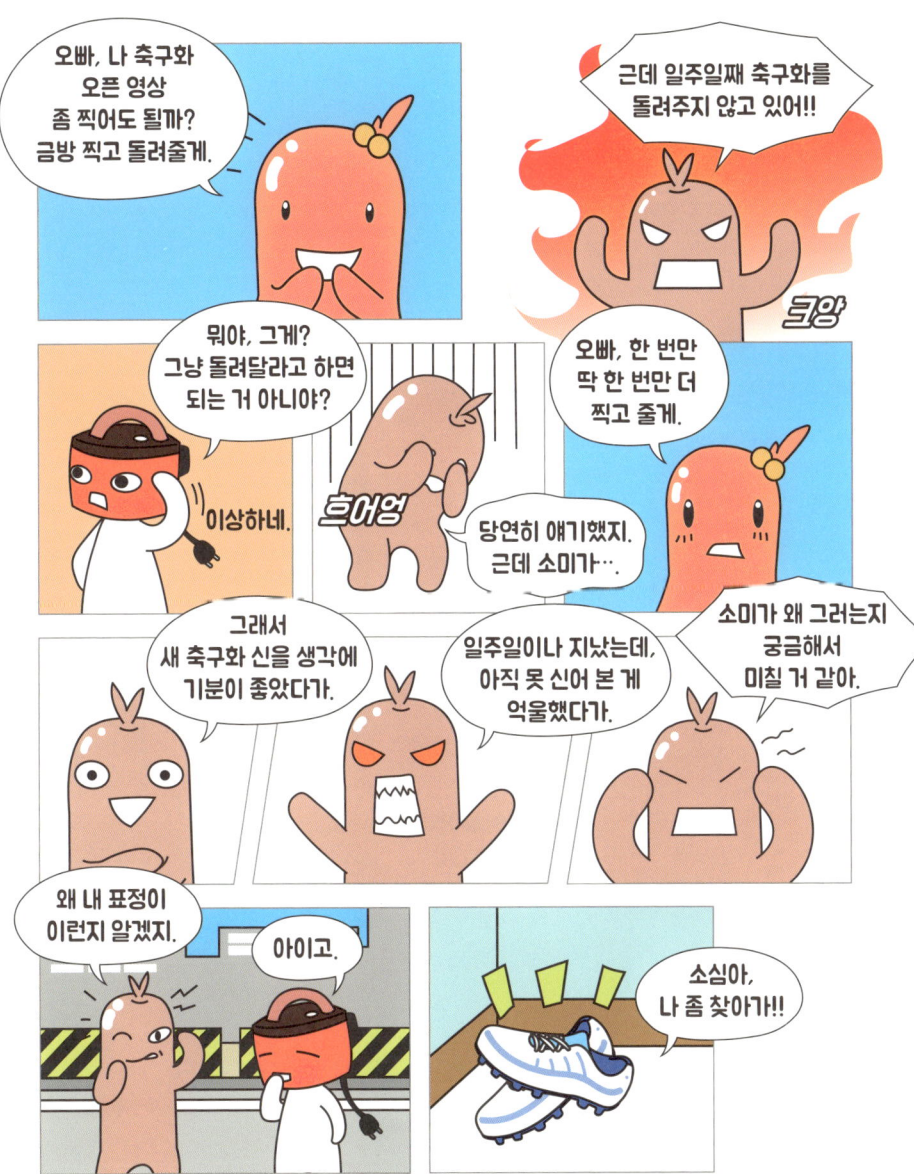

070 억울하다

잘못도 없이 꾸중이나 벌을 받게 되어 답답하고 분한 마음. 친구들과 진실게임을 했어요. 그런데 다음 날 학교에 가니 비밀로 하기로 했던 이야기들이 소문이 났어요. 친구들이 나를 의심하는 것 같아요. 난 정말 억울해요. 어떻게 오해를 풀어야 할까요?

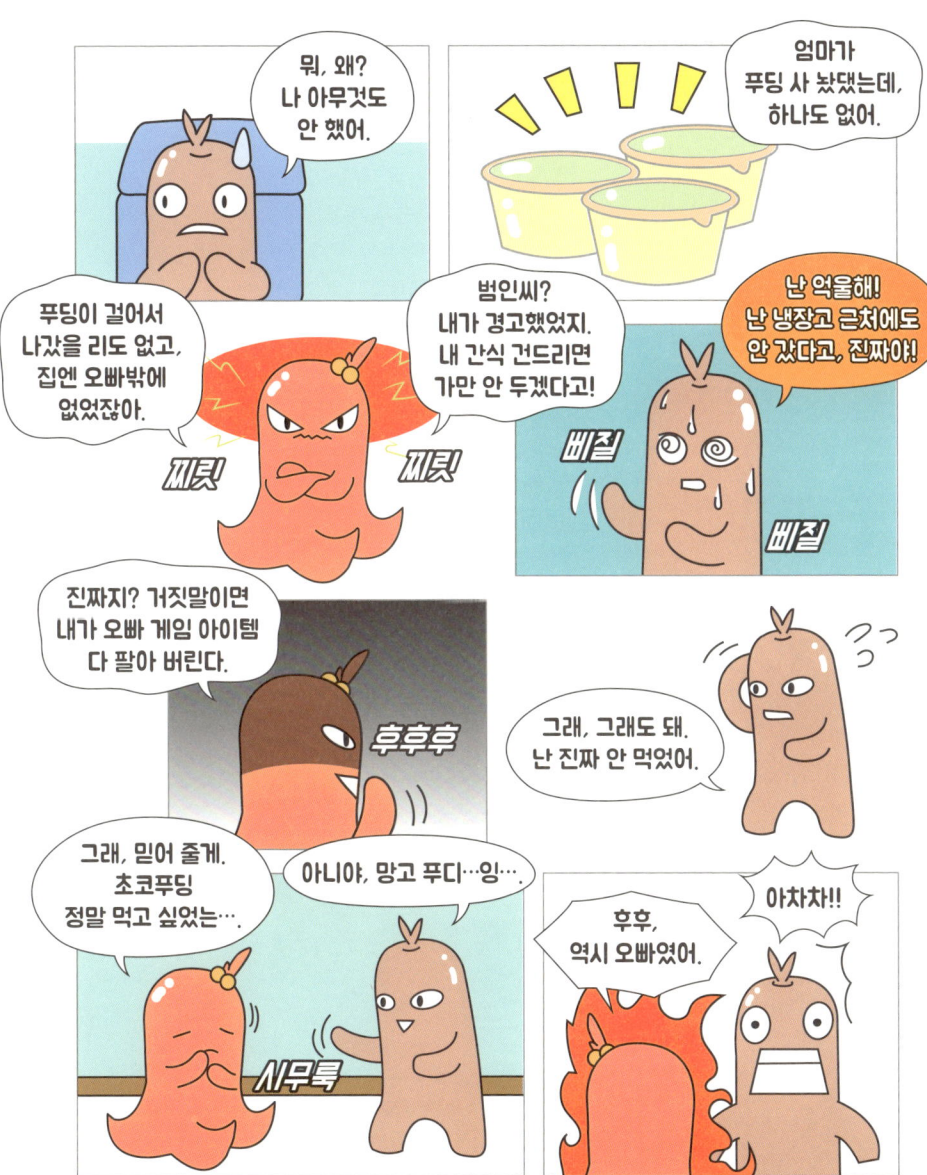

071 얼떨떨하다

전혀 예상하지 못한 일로 멍한 상태의 마음. 우리 반 인기 투표에서 내가 1등을 했어요. 혼자 있는 친구가 없도록 챙기고, 친구들의 이야기를 잘 들어준 게 다인데, 내가 제일 인기가 있다니…. 기분이 좋으면서도 얼떨떨해요.

072 엉뚱하다

일반적인 생각에서 벗어난 말이나 행동에 황당한 마음. 엄마한테 꾸중을 듣고 속이 상해 울고 있는데, 동생이 종이배 모양의 쪽지를 내밀어요. '누나, 우리 집이 바다가 될 거 같아. 누나 이거 타.' 엉뚱한 내 동생 정말 귀엽지요.

외롭다

의지할 곳 없이 혼자 되어 쓸쓸한 마음. 새롭게 자리를 정해 짝꿍이 바뀌었어요. 그런데 짝이 맞지 않아 혼자 앉게 되었어요. 처음에는 혼자 앉는 게 편하고 좋았는데, 짝꿍과 이야기하는 다른 친구들을 보자 왠지 쓸쓸해져요. 이 감정이 외로움이에요.

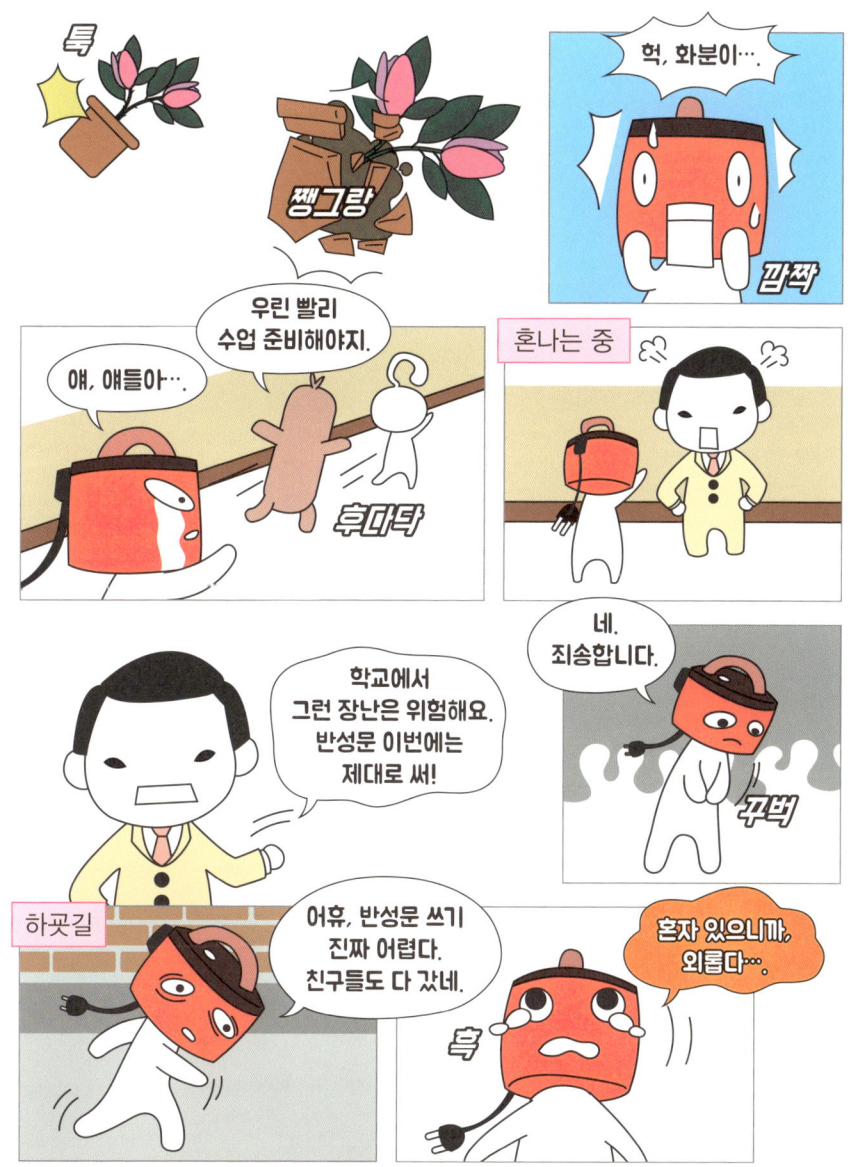

074

용기 있다

겁내지 않고 힘차고 씩씩함이 느껴지는 마음. 여러 사람에게 놀림을 당하고 있는 친구를 위해 앞장서서 그 친구의 편을 들어주는 것이 바로 용기예요. 나는 옳은 것을 옳다고 말하고, 약한 사람을 위해 나설 수 있나요?

075 우쭐하다

자신감이 넘쳐 뽐내고 싶은 마음. 종이 딱지를 만들어 딱지치기를 했어요. 다들 작은 딱지를 가지고 있는데, 나만 달력으로 만든 큰 딱지를 가지고 있어요. 아무도 내 딱지를 넘길 수 없을 것 같아 우쭐해져요. 친구들아, 모두 덤벼라!

076 의기소침하다

속상한 일 등으로 힘이 빠져 기운 없게 느껴지는 마음. 왜 부모님은 친구와 나를 비교하는 걸까요? 친구는 영어를 잘한다더라, 수학을 잘한다더라…. 공부 못하는 친구는 없는 건가요? 이럴 땐 정말 의기소침해져요. 나는 그냥 나라고요!

077

의아하다

이상하고 의심스러운 마음. 평소 인사만 하고 지내던 친구가 갑자기 다가와 친한 척을 해요. 갑작스러운 친구의 행동이 부담스럽고 의아하기만 해요. 이럴 땐 친구에게 왜 그러는지 물어야 할까요? 아니면 모르는 척 친해져야 할까요?

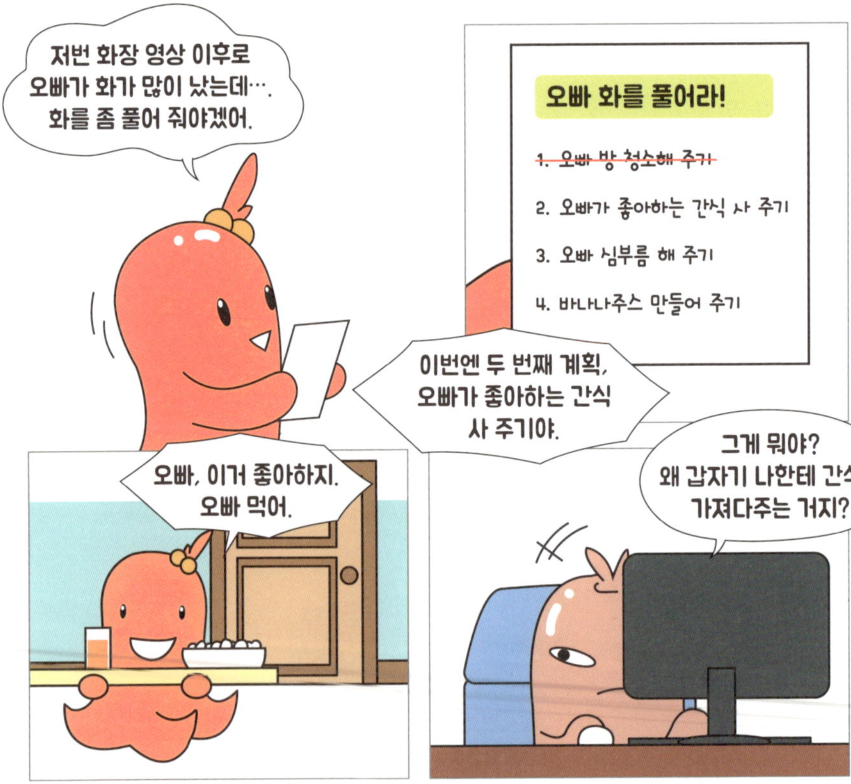

"저번 화장 영상 이후로 오빠가 화가 많이 났는데…. 화를 좀 풀어 줘야겠어."

오빠 화를 풀어라!
1. ~~오빠 방 청소해 주기~~
2. 오빠가 좋아하는 간식 사 주기
3. 오빠 심부름 해 주기
4. 바나나주스 만들어 주기

"이번엔 두 번째 계획, 오빠가 좋아하는 간식 사 주기야."

"오빠, 이거 좋아하지. 오빠 먹어."

"그게 뭐야? 왜 갑자기 나한테 간식을 가져다주는 거지?"

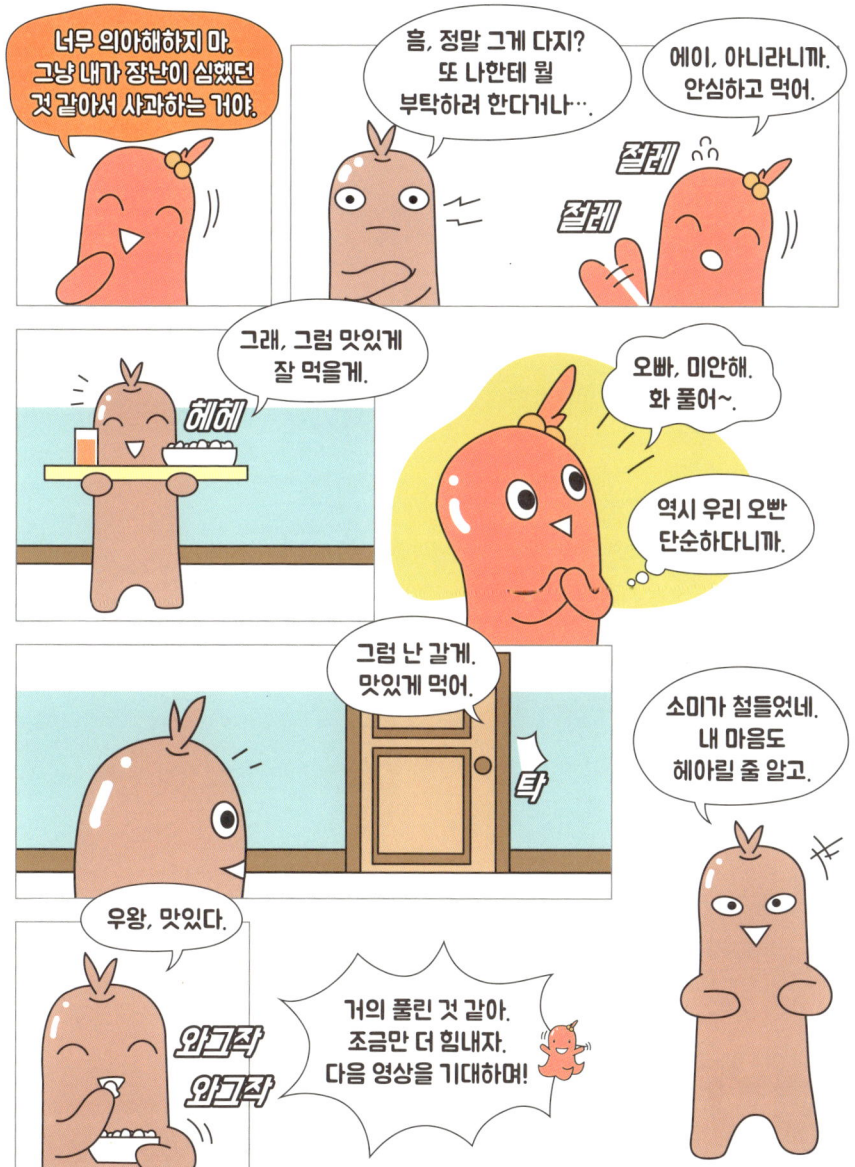

ㅈ/ㅊ/ㅌ
ㅍ/ㅎ

78 자랑스럽다
79 재밌다
80 절망하다
81 정답다
82 조급하다
83 조마조마하다
84 좋아하다
85 주춤거리다
86 지독하다
87 찝찝하다
88 창피하다
89 처량하다
90 초조하다
91 충분하다
92 친근하다
93 통쾌하다
94 편안하다
95 행복하다
96 화나다
97 활기차다
98 후련하다
99 훌륭하다
100 흐뭇하다

자랑스럽다

다른 사람에게 뽐낼 정도로 훌륭하게 느껴지는 마음. 올림픽에서 우리 선수가 은메달을 땄어요. 다른 선수의 반칙으로 아쉽게 금메달을 딸 수 없었지만, 최선을 다한 모습이 무척 멋지고 대단해 보여요. 태극기가 올라가자 가슴이 벅차며 울컥해요.

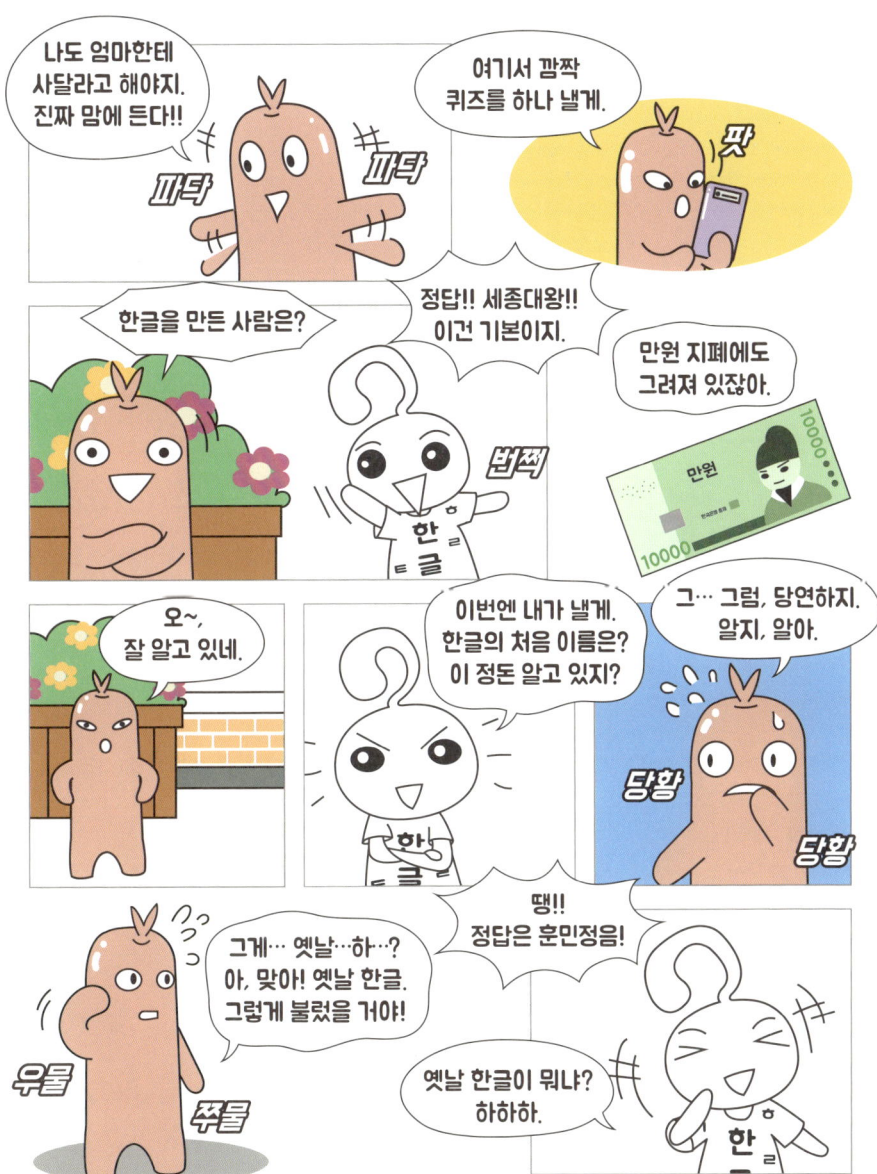

재밌다

즐겁고 유쾌한 마음. 학교가 끝나고 친구들과 모여 게임을 시작했어요. 얼마나 재미있었는지 학원 가는 시간도 잊고 말았어요. 재미는 게임에서만 느낄 수 있는 게 아니에요. 친구와 몸으로 하는 놀이에서도, 책에서도, 공부에서도 느낄 수 있어요.

080 절망하다

희망을 잃어 슬픈 마음. 누나랑 용돈을 모아 보드게임을 사기로 했어요. 조금만 더 모으면 곧 살 수 있을 거 같아요. 그런데 누나가 사고 싶은 것이 생겼다며 덜컥 다른 걸 사 버렸어요. 보드게임이 코앞에 있었는데…. 누나가 나에게 절망을 느끼게 하네요.

정답다

친근함이 느껴지는 마음. 오빠랑 나는 생각하는 것도, 좋아하는 것도 비슷해요. 그래서 둘이 이야기를 시작하면 끝이 없어요. 이런 오빠와 나를 보면 엄마는 웃으시며 정다운 남매래요. 나와 잘 통하는 오빠가 참 좋아요.

082

조급하다

참지 못하고 매우 급한 마음. 10분 뒤면 내가 좋아하는 프로그램이 할 시간이에요. 10분이 얼마나 긴지 조급한 마음에 자꾸 채널을 바꿔 시작했는지 확인하게 돼요. 왜 좋아하는 건 1분도 1시간처럼 길게 느껴질까요.

083 조마조마하다

걱정이 되어 불안한 마음. 오늘은 피아노 콩쿠르 대회 날이에요. 예쁘게 드레스도 입고, 화장도 했어요. 참가자들이 하나둘 연주를 하고, 다음이 내 차례예요. 곡을 모두 외웠지만, 혹시나 잊어버릴까 봐서 조마조마해요.

084 좋아하다

긍정적이고 좋게 느껴지는 마음. 어릴 때부터 항상 안고 자던 곰 인형이 있어요. 이제는 많이 낡아 해어진 부분도 있지만, 그 어떤 인형보다 정이 담뿍 든 내 곰 인형이 제일 좋아요. 좋은 건 오래될수록 더 좋아지나 봐요. 친구처럼요.

얘들아, 우리 축구 하러 가자.

어쩌지, 난 오늘 꼭 보고 싶은 다큐를 해서. 축구는 내일 하면 안 될까?

나도 곧 공모전이라 할 일이 많은데, 축구는 다음에 하자.

야아~, 그러지 말고 같이 축구 하자. 나랑 같이 좀 놀아줘~.

내가 축구 정말 좋아하는 거 너희도 알잖아! 근데 요즘 축구를 못 했단 말이야.

085

주춤거리다

결정을 내리지 못해 머뭇거리는 마음. 드디어 방송반을 할 수 있는 학년이 되었어요. 원서를 내러 갔더니 UCC도 만들어야 하고, 자기소개서도 PPT로 제출해야 한대요. 과제가 부담스러워 원서를 내야 할지, 말아야 할지 주춤거려져요.

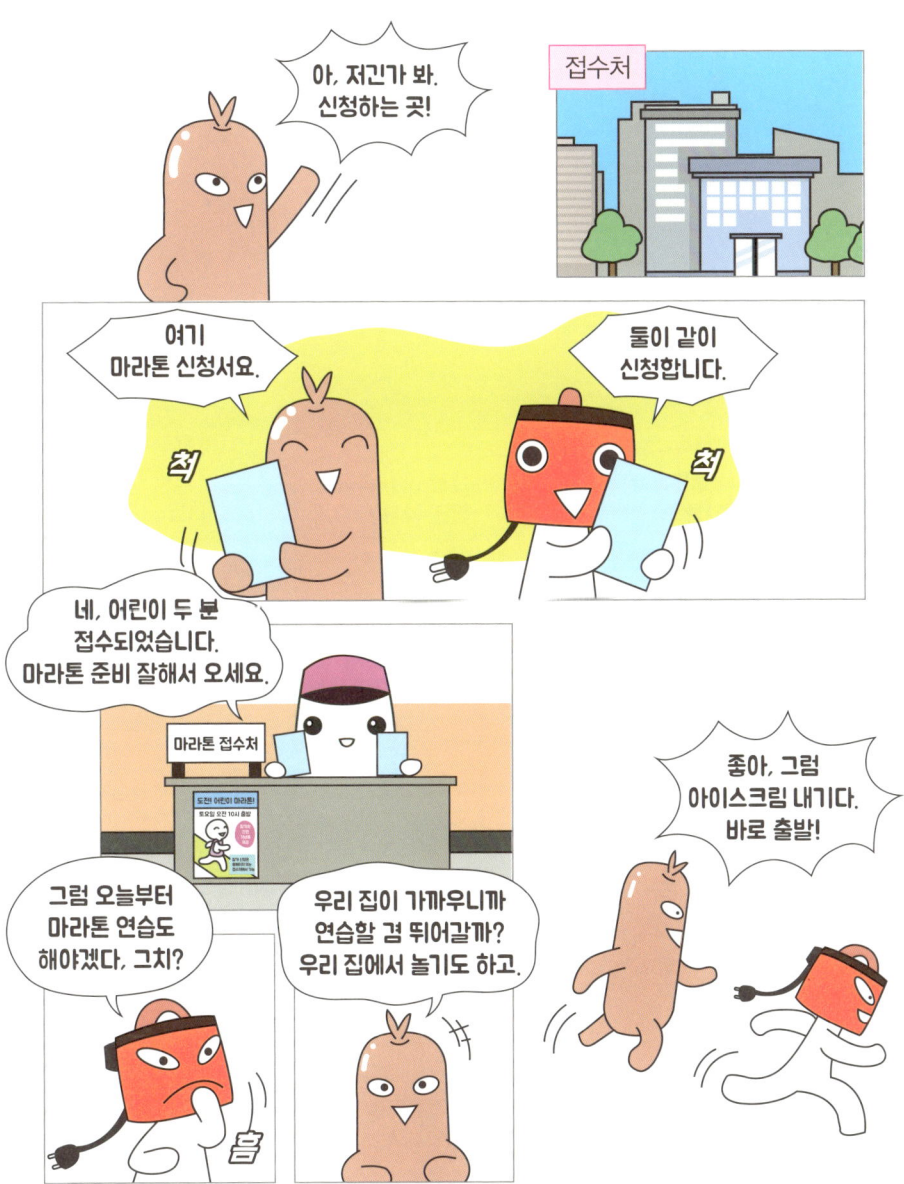

지독하다

아무리 힘들어도 끝까지 포기하지 않고 해내는 독한 마음. 축구를 하다가 다리에 깁스를 하게 됐어요. 그런데도 친구들이 축구를 하러 간다면 골키퍼라도 하겠다며 꼭 함께 했지요. 이런 나의 축구 사랑을 보면서 친구들이 지독하대요.

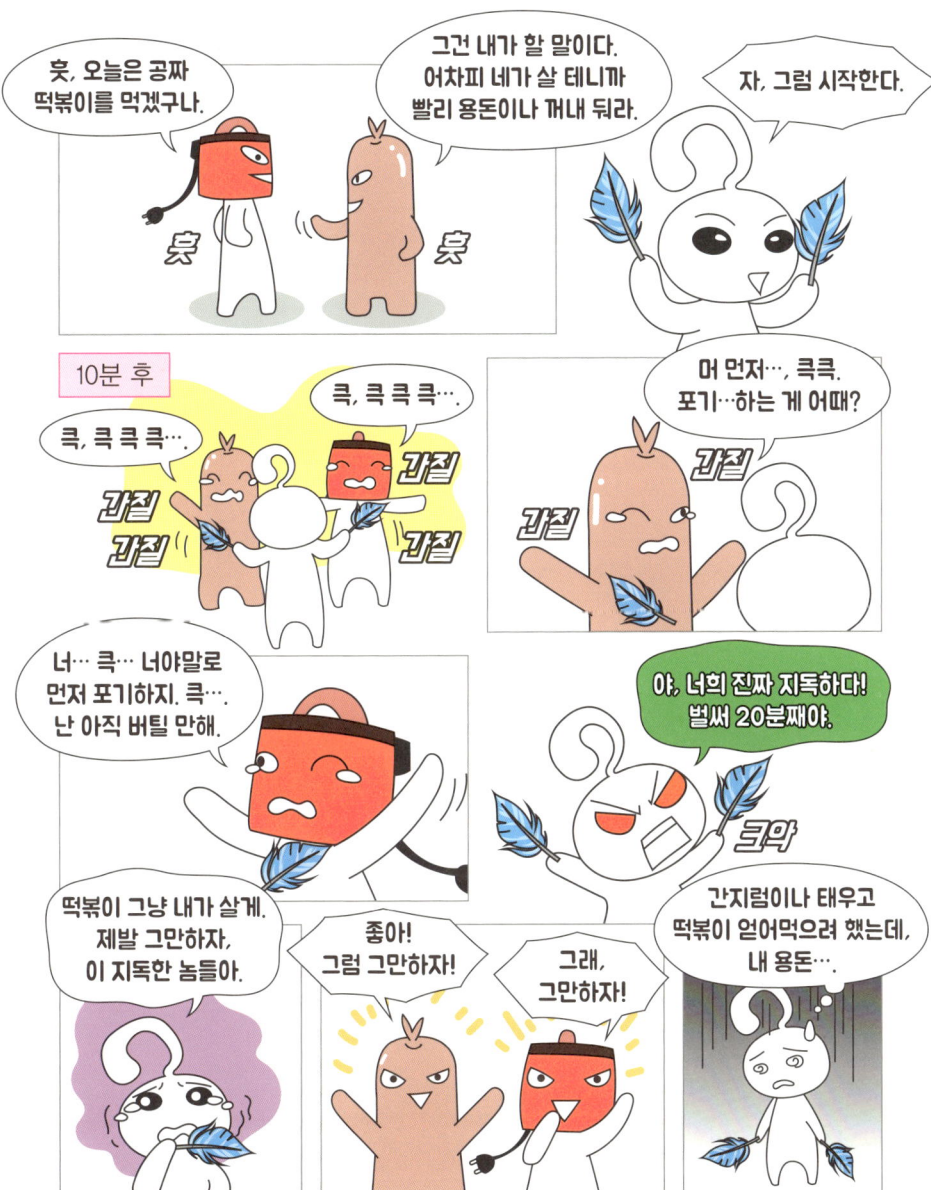

087 찝찝하다

마음에 걸려 개운하지 않고 꺼림칙한 마음. 언덕길을 오르다가 종이상자를 가득 실은 손수레를 끄는 할아버지를 보았어요. 뒤에서 밀어드리고 싶었지만, 가파른 언덕길을 오르니 숨이 차고 힘들어 그냥 지나쳤어요. 집에 와서도 마음에 계속 남았어요.

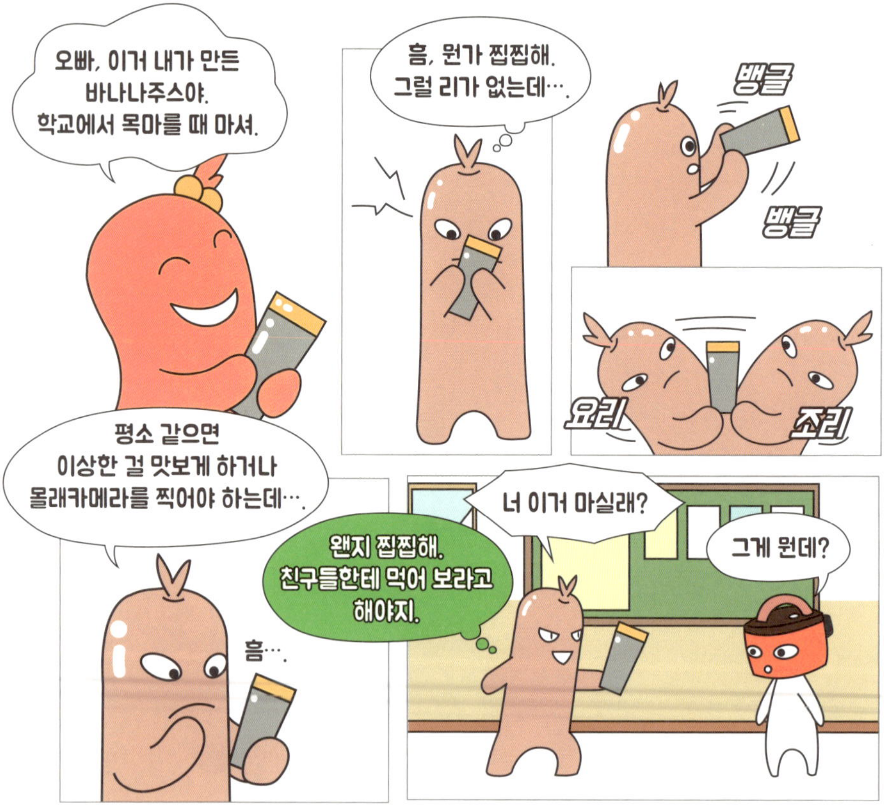

오빠, 이거 내가 만든 바나나주스야. 학교에서 목마를 때 마셔.

흠, 뭔가 찝찝해. 그럴 리가 없는데….

뱅글 뱅글

요리 조리

평소 같으면 이상한 걸 맛보게 하거나 몰래카메라를 찍어야 하는데….

흠…

왠지 찝찝해. 친구들한테 먹어 보라고 해야지.

너 이거 마실래?

그게 뭔데?

088 창피하다

체면이 깎이는 일을 당하여 부끄러운 마음. 회장 선거에 나가게 되었어요. 당연히 될 거라는 생각에 선거일 전날 연설문을 대강 적어 더듬더듬 읽었어요. 득표수는 1표, 성의 없는 준비를 친구들도 알았나 봐요. 너무 창피해요.

처량하다

초라하고 불쌍하게 느껴지는 마음. 학교가 끝날 때쯤 갑자기 소나기가 내리기 시작했어요. 친구와 우산을 같이 쓰고 오다 갈림길에서 친구와 헤어졌어요. 내리는 비를 맞아 흠뻑 젖은 내 모습이 처량해 보여요. 우산을 챙깁시다!

난 비둘기를 보면 참 처량하고 불쌍하다는 생각이 들어.

비둘기가 왜?

음…

비둘기는 집도 없고, 먹을 것도 길거리에서 주워 먹잖아.

콕콕

090 초조하다

애가 타서 마음이 진정되지 않고 조마조마한 마음. 수학 시간에 단원평가를 보는데, 모르는 문제가 너무 많아요. 시간은 자꾸 가는데 아직 문제는 반도 넘게 남았어요. 초조한 마음에 자꾸 시계만 보게 돼요.

> 지난번에 작가님이 메일 주소를 알려 주셨는데….

> 이번 '슬라임의 대모험' 피드백을 부탁드려야지.

딸칵

> 저번 댓글은 정말 충격적이었어. 작가님이라면 정확하게 알려 주실 거야.

- ✉ 안녕하세요… [읽지 않음]
- ✉ 발표할 내용 정리 [읽음]
- ✉ 소풍 사진 공유 2 [읽음]
- ✉ 소풍 사진 공유 1 [읽음]

091 충분하다

부족하지 않고 넉넉하게 느껴지는 마음. 엄마는 내가 세상에서 제일 예쁘고, 사랑스럽고, 귀엽다고 매일 넘치도록 얘기해요. 그래서 나는 엄마의 사랑을 충분히 받고 있다는 걸 알아요. 만약 엄마가 마음속으로만 담고 있었다면 절대 알지 못했을 거예요.

- 우리 4km 마라톤 신청한 거지?
- 어, 충분히 달릴 수 있어. 열심히 훈련하고 있잖아.
- 당연하지! 참가한 이상 목표는 1등이다. 1등 메달을 꼭 목에 걸자.
- 아자아자!
- 날짜가 여유 있으니, 오늘은 가볍게 달리며 훈련하자.
- 좋아, 열심히 달리자!
- 달리자! 달려! 연습이다!

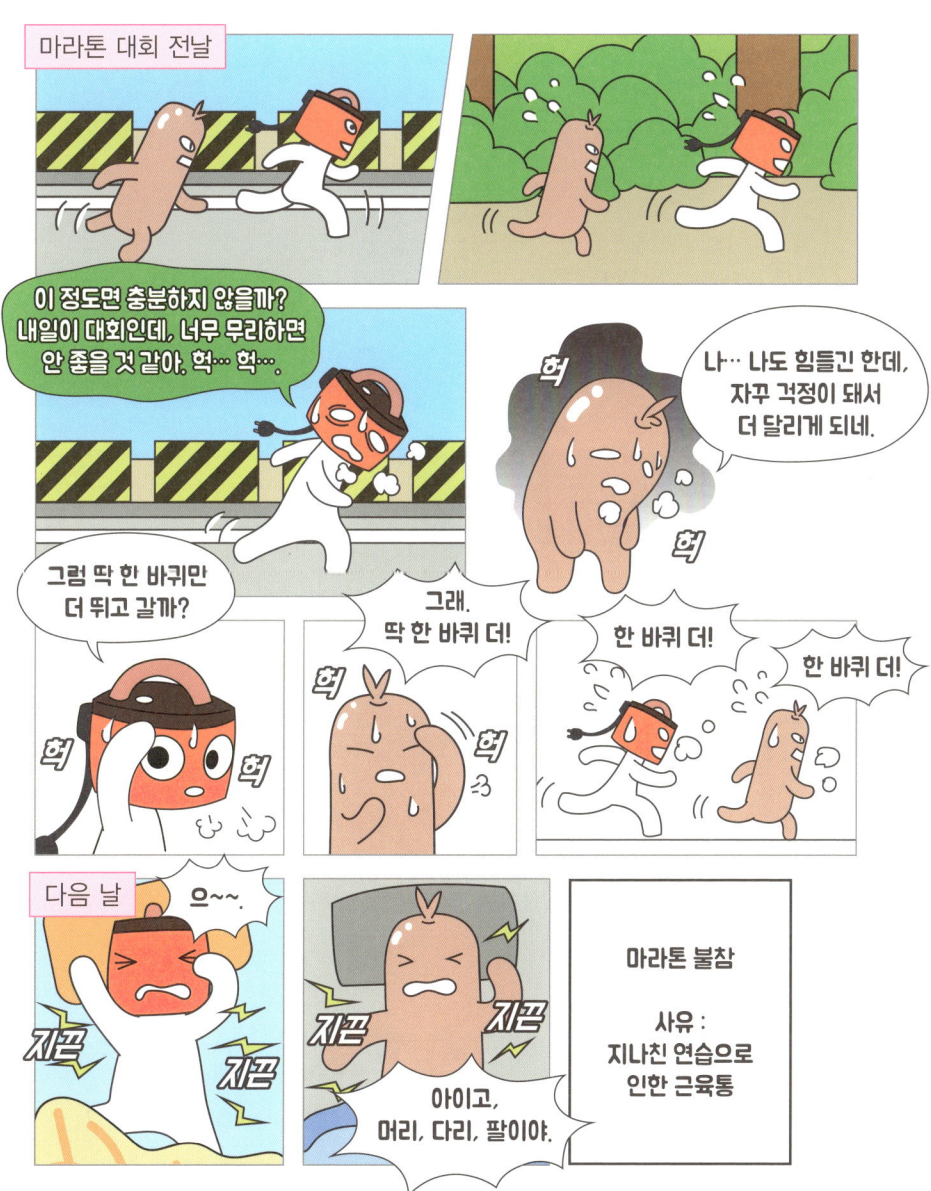

092 친근하다

친하고 가까워 허물없이 편하게 느껴지는 마음. 우리 학교 교장 선생님께서는 매일 아침 우리가 등교할 때면 교문에 나와 밝은 얼굴로 한 명 한 명에게 인사해 주세요. 그래서 교장 선생님을 보면 친근하게 느껴져요.

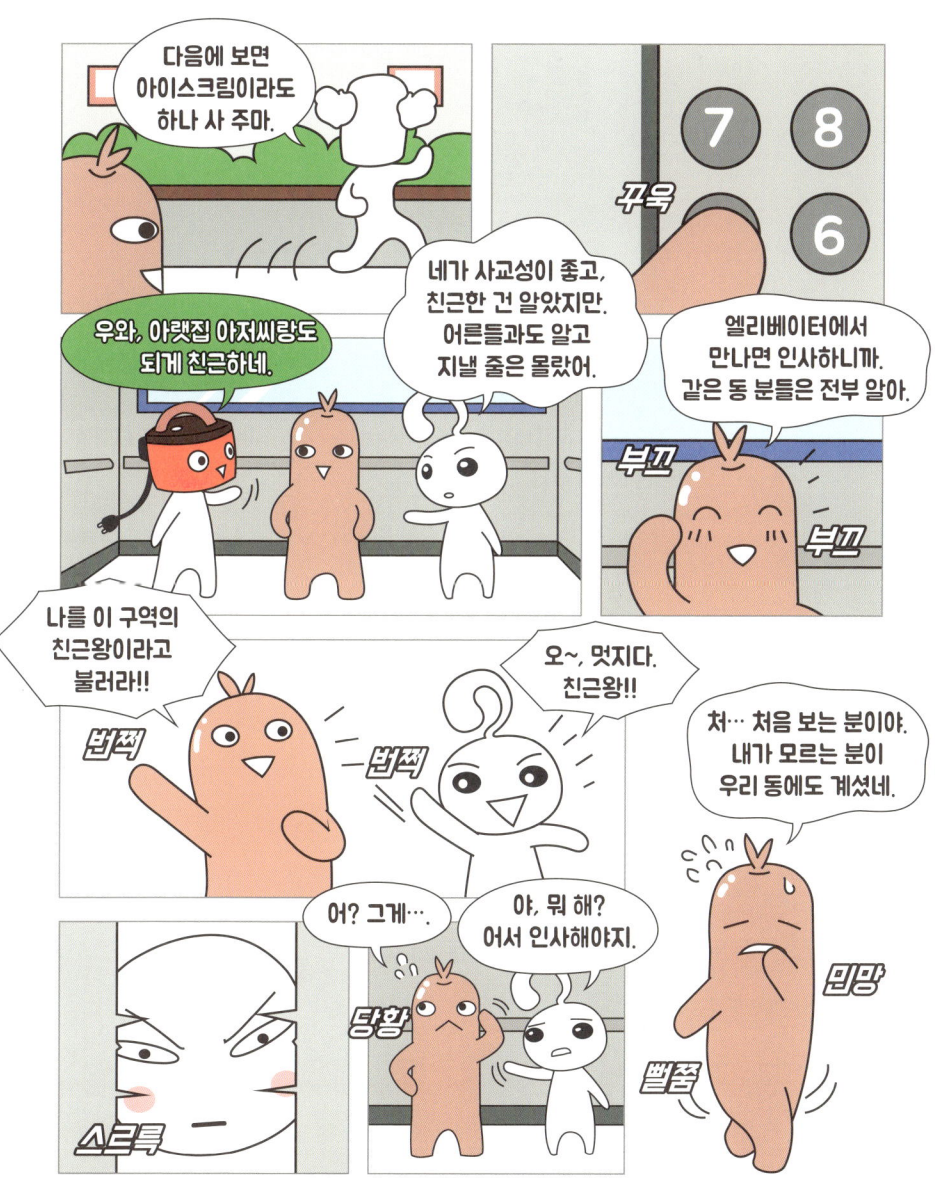

093

통쾌하다

속이 뻥 뚫린 것처럼 시원하게 느껴지는 마음. 지난 체육 시간에 옆 반과 발야구 시합을 해서 아쉽게 5 대 4로 졌어요. 선생님께 다시 발야구 시합을 하고 싶다고 하자 선생님께서 선뜻 시합을 주선해 주셨어요. 이번에는 6 대 2로 통쾌하게 이겼어요.

094

편안하다

걱정 없이 편하고 좋은 마음. 가족 캠핑을 가면 나와 오빠는 나무 그늘에서 흔들흔들 해먹을 타며 음악을 들어요. 하늘에 떠가는 구름마저 그림이 되어 편안하고 평화로운 시간을 만들어 줘요. 이 시간이 너무 행복해요.

095 행복하다

큰 만족과 기쁨으로 즐거운 마음. 얼마 전 엄마가 수술하셨어요. 그전에는 엄마가 하는 말은 다 잔소리 같고 간섭하는 것만 같았는데, 엄마가 안 계시니 그 모든 게 그리웠어요. 건강하게 돌아온 엄마를 보자 너무 행복해서 눈물을 흘렸어요.

096

화나다

분하거나 못마땅하여 생기는 기분 나쁜 마음. 친구가 장난으로 자꾸 내가 싫어하는 별명을 불러요. 그렇게 부르지 말라고 몇 번을 얘기했는데도 계속 불러서 벌컥 화를 냈어요. 왜 싫다고 얘기하는 데도 자꾸 이럴까요?

097 활기차다

힘이 넘치며 상쾌한 마음. 아침에 일어나는 건 너무 힘들어요. 그래서 습관을 바꿔 밤에 일찍 잠자리에 들기로 했어요. 그랬더니 7시에 눈이 번쩍 떠지지 뭐예요. 스스로 일어났더니 오늘 아침은 더욱 활기차게 느껴져요. 기분 좋은 아침!

098 후련하다

마음에 걸리거나 불편했던 일이 해결되어 개운하게 느껴지는 마음. 언니 물건을 몰래 쓰다가 언니와 싸웠어요. 미안한 건 아는데 무작정 화부터 내니 나도 화가 났어요. 다음 날 내가 먼저 언니에게 사과했어요. 그러고 나니 마음이 후련해요.

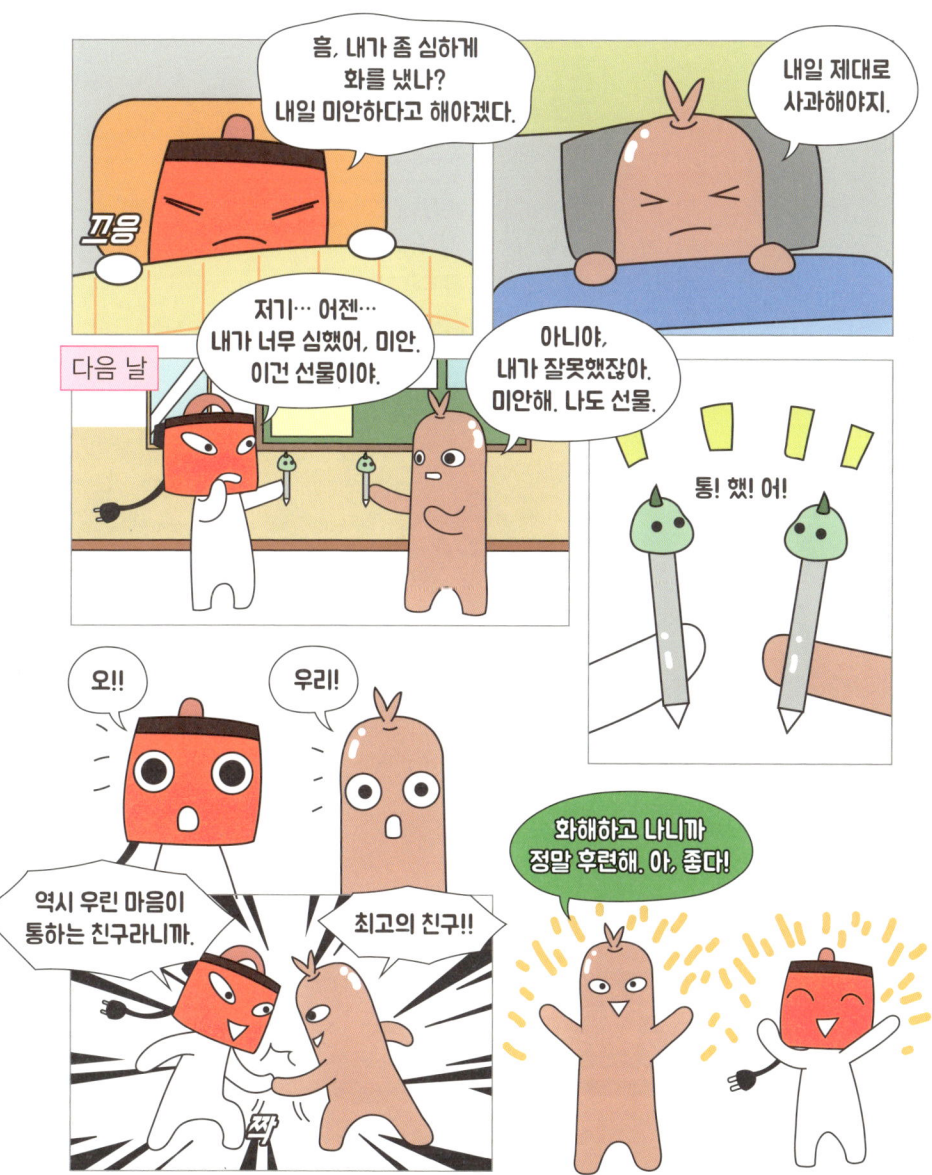

099

훌륭하다

부족함 없이 아주 잘하여 흡족한 마음. 오늘 처음으로 엄마께 훌륭하다는 칭찬을 들었어요. 항상 잘했어라고 하셨는데, 훌륭하다는 말을 들으니 같은 칭찬이지만 뭔가 대단한 일을 해낸 것 같아요. 나도 친구에게 훌륭하다고 칭찬해 줘야겠어요.

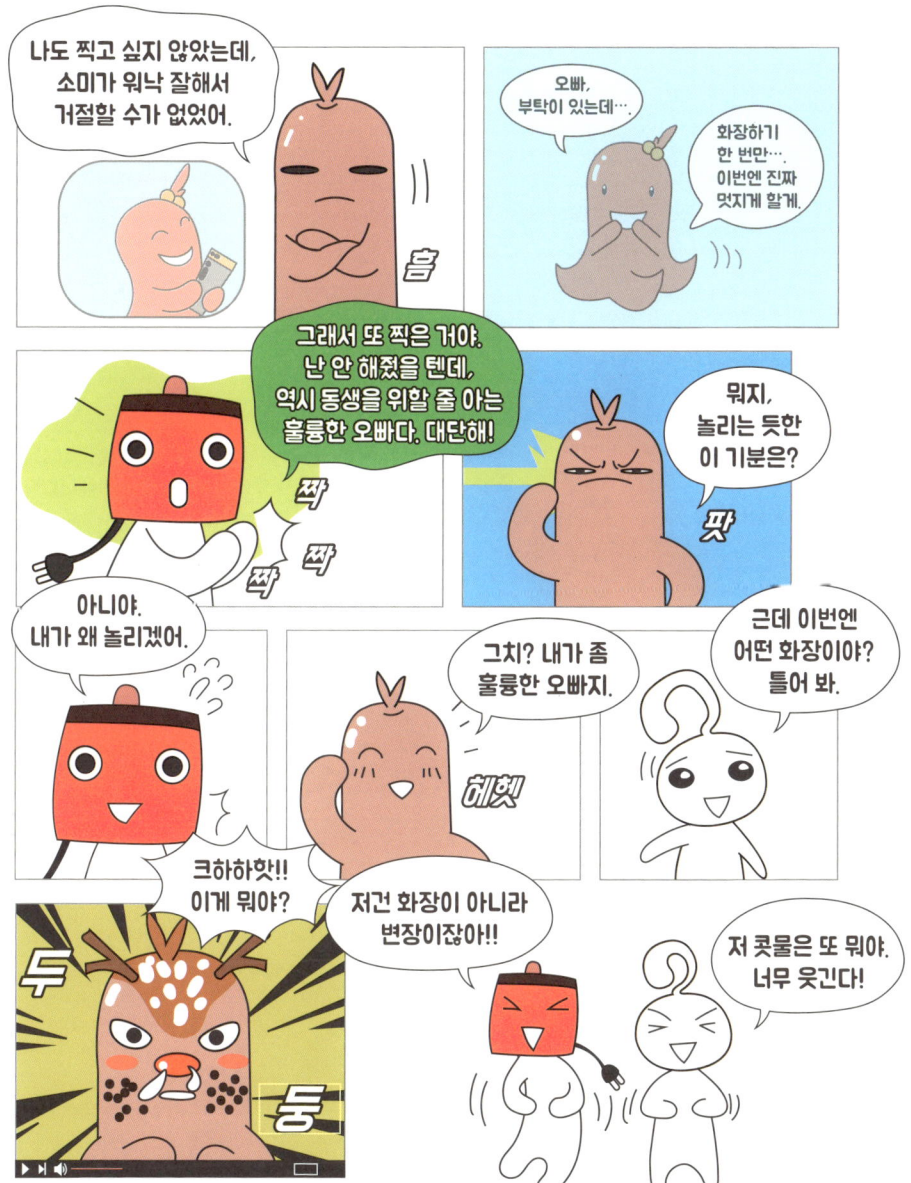

100 흐뭇하다

마음에 쏙 들어 매우 만족스러운 마음. 학교에서 바느질을 배웠어요. 처음에는 자꾸 바늘에 손가락을 찔려서 하기 싫었는데, 계속 연습하다 보니 점점 찔리지 않고 바느질을 하게 되었어요. 내가 만든 마스크를 기부까지 한다니 정말 흐뭇해요.

초판 7쇄 2024년 11월 28일
초판 1쇄 2020년 8월 20일

글·그림 김지호

펴낸이 정태선
펴낸곳 파란정원(자매사 책먹는아이)
출판등록 제395-2010-000070호
주소 서울시 서대문구 모래내로 464 2층(홍제동)
전화 02-6925-1628 | **팩스** 02-723-1629
제조국 대한민국 | **사용연령** 8세 이상 어린이
홈페이지 www.bluegarden.kr | **전자우편** eatingbooks@naver.com
종이 다올페이퍼 | **인쇄** 조일문화인쇄사 | **제본** 경문제책사

글·그림ⓒ김지호 2020
ISBN 979-11-5868-178-4 73710

이 책은 저작권법에 따라 보호받는 저작물이므로 무단 전재와 무단 복제를 금지하며,
이 책 내용의 전부 또는 일부를 이용하려면 반드시 저작권자와 파란정원(자매사 책먹는아이)의 동의를 얻어야 합니다.
*잘못된 책은 구입하신 서점에서 바꿔 드립니다.